KB124168

초등학생의

꾸물거림

에 대하여

양/육/의/지/혜

실전편

01

부 모 를 위 한 양 육 가 이 드 북

초등학생의

꾸물거림

에 대하여

3. 꾸물거리는 자녀를 위한 양육의 지혜

4. 가족 놀이시간

5. 문제를 예방하는 대화 시간

6. 부모의 자기돌봄

부모의 상처

부모의 자기 돌봄

좋은 습관 만들기

7. 양육에 대한 전반적 이해

서문

우리는 아침에 일어나 아이를 깨우고, 식사를 준비하고, 출근과 등교를 준비하며 하루를 시작합니다. 부모는 부모의 삶을 살며, 아이는 학교생활을 하면서 오후 시간이 흘러가지요. 저녁에는 아이의 공부시간과 식사시간을 함께 보냅니다. 시간과 공간이 서로 분리됨으로 부모와 아이는 균형을 맞춰가죠. 그러나 코로나 시기를 겪으면서 부모와 자녀는 같은 공간과 시간 속에서 지내게 되었습니다. 부모도 아이도 모두 다 많이 힘들었습니다. 부모로서는 자녀를 도와주고 같이 책임져야 할 것들이 많았고요. 그러면서 자녀의 꾸물거리는 행동이 눈에 더 들어왔을 테지요. 아이도 때로 부모의 시선이 힘들었을 것입니다.

답답한 상황을 마주하는 부모들은 책과 영상에서 해결책을 찾으려고 노력합니다. 그 상황에서 어떻게 해야 하는지 찾아보면 공감하고 경청하고 훈육하라는 큰 틀은 알겠는데, 막상 현실에 적용해보려면 어디서부터 어떻게 해야 할지 안개 속인 경우들이 생각외로 많지요.

그래서 이 책을 쓰면서는 상세한 양육가이드를 드리려고 애를 썼습니다. 아이의 기질을 더욱 잘 이해하고, 꾸물거림의 상황에서 기질에 따라 어떻게 지도할 수 있는지, 가족 놀이를 통해 평소 서로에게 호의적인 가족 분위기를 만들고, 문제가 일어나기 전에 예방하는 대하들을 어떻게 하는지, 양육하면서 부모가 상처받는 지점과 몸과 마음을 어떻게 돌볼 것인지, 마지막으로 양육에 대한 전반적 이해를 다루어 보았습니다. 목차를 읽으면서 자녀는 어떤 시간에 가장 꾸물거리는지, 나는 어떤 시간이 제일 힘든지, 또 어떤 시간이 가장 필요한지를 떠올려보고 그 시간에 관한 내용을 먼저 살펴보는 것도 좋겠습니다.

이 책을 통해 조금이나마 답답함의 안개가 걷히고, 지혜로운 양육의 길로 함께 걸어가기를 바라는 마음입니다.

양육의 지혜 팀 최은정, 김경미, 서유지, 정은진 드림.

ONE

1

일상 속의 꾸물거림

여러분은 일상에서
어떤 꾸물거림으로 자녀와 실랑이를 하게 되나요?
같은 꾸물거림이지만 자녀의 기질 특성에 따라
꾸물거림의 이면에 있는 욕구는 다릅니다.

"'꾸물거림' 하면 떠오르는 게 뭐야?"라고 아이에게 물어보았어요. 아이는 "애벌레, 지렁이~~"라고 먼저 대답합니다. 그러고는 "아! 또 하나! 따끈한 방바닥에 누워서 꾸물거리며 TV를 보는 거"라고 말하면서 너무 행복한 표정을 짓습니다. 세상 부러운 것 없다는 표정입니다. 그 표정을 보고 있자니 아무 걱정 없이 누워서 '히히' 웃으며 뒹굴뒹굴하고 있는 아이들의 모습이 떠올라 웃음이 나옵니다.

베란다에 캠핑용 의자를 놓고 따뜻한 햇볕을 쐬며 아무 생각 없이 멍하니 있는 것, 소위 '멍 때리기'를 너무 좋아하는 분들 계실 겁니다. 청소, 요리 등 해야 할 일을 잠시 미뤄두고 멍하니 앉아있는 것이 쉼이고 충전이기 때문이죠. 일상 속 꾸물거림은 이처럼 우리에게 스트레스와 압박감에서 벗어나 행복감마저 누리게 해줍니다.

하지만 꾸물거림은 우리 마음에 평화로운 잔잔한 물결만 일으키지만은 않습니다. 때로는 누군가의 꾸물거림 때문에 폭풍우가 휘몰아치기도 하죠. 이 책을 읽고 계신 분이라면 누구나, 잔잔하던 마음을 서서히 들끓게 해서 결국 폭발하게 만드는 아이의 꾸물거림을 경험해 본 적이 있을 것입니다. 만약 속을 뒤집어 놓는 아이의 꾸물거림을 경험해본 적이 없는 부모님이라면 아이에게 고마워하셔야 해요.

웹스터 Webster 사전에서는 꾸물거림을 '해야만 하는 것을 의도적으로 비난받을 만큼 미루는 행동으로, 어떤 일 특히 재미없거나 부담되는 활동들을 습관처럼 나중으로 미루는 것'으로 정의하고 있습니다. 이 책에서는 꾸물거림을 '부모의 지시가 있어도 수행하지 않는 것, 행동을 늦게 하는 것, 해야 할 일을 미루는 것'으로 정의하려고 합니다.

여러분은 일상에서 어떤 꾸물거림으로 자녀와 실랑이를 하게 되나요? 주로 놀던 것을 정리하라고 하는데도 말을 듣지 않을 때, 양치질을 자기 직전까지 미룰 때, 해야 할 숙제를 하지 않고 텔레비전에 빠져 있을 때 슬슬 화가 나기 시작하죠. 이런 꾸물거림은 부모-자녀 간 갈등을 불러일으킬 뿐만 아니라 아이에게는 자기 비난이나 낮은 자기효능감과 같은 부정적인 심리적 결과를 가져오기도 합니다. 따라서 부모인 우리는 자녀의 꾸물거림에 대해 양육의 지혜를 가질 필요가 있습니다.

특히 아동기는 개인의 성격발달과 습관 형성에 큰 영향을 미치는 시기이고 성인이 되어서 나타나는 행동의 기초를 형성하는 시기이기 때문에, 자녀들의 꾸물거림에 대해 이해하고 적절히 돕는 것이 무엇보다 필요합니다. 그런데 늘 잊지 말아야 할 것이 있어요. 아무리 좋은 양육기술이라도 모든 아이에게 통하는 것이 아니라는 것입니다. 둘 이상의 자녀를 키우고 계신 부모님이라면 공감하실 겁니다. 같은 꾸물거림이지만 자녀의 기질 특성에 따라 꾸물거림의 이면에 있는 욕구는 다릅니다. 먼저 자녀의 기질 특성을 이해하고 아이의 특성과 환경에 맞는 적절한 양육기술을 익혀 간다면, 자녀와의 관계가 좀 더 편안해지고 순간순간 양육의 지혜를 발현할 수 있을 것입니다.

TWO

2

꾸물거림과 기질

질서와 연합을 만들어가는
안내자 역할은 쉽지 않습니다.
쉽지 않다기보다는 정말 어렵지요.
그래서 우리에게는
사랑과 지혜가 필요합니다.

01

기질과 양육

기질은 타고난 경향성으로 한 사람의 변하지 않는 성격적 특질을 뜻합니다. 기질은 자녀가 가지고 태어난 고유한 특질이라면, 성격은 한 자녀가 기질을 지니고 살아가는 사회화과정에서 적응을 위한 옷을 입는 과정이라고 설명할 수 있어요. 기질은 변하지 않습니다. 기질은 성격발달의 핵심으로, 지속해서 정서와 행동에 끊임없이 영향을 주며 그 특질을 드러냅니다.

자녀는 성장하면서 기본적인 질서와 규범을 배웁니다. 자녀가 학령기가 되면, 본격적으로 질서와 규범 안에서 자신의 능력과 가치를 드러내려는 도전과 사회경험을 하기 시작합니다. 그리고 교육기관이나 외부 환경에서는 사회화과정에서 개인적으로 터득한 사회적 옷을 입고 생활하기도 해요. 그러나 가정에서는 여전히 자신의 기질 특징이 강하게 나타날 것입니다.

가정과 외부에서 나타나는 자녀의 태도와 행동 간 차이가 적은 아이들도 있지만, 그 차이가 확연하게 큰 아이들도 있습니다. 간극이 크다는 것은, 긍정적으로 보면 사회적으로 필요한 규범과 옷이 무엇인지 잘 알고 적응하고 있다는 것이죠. 성격발달 과정에서 보면 사회에서 필요한 옷이 가정에서 개인 생활에 필요하다고 스스로 인식하지 않았거나, 필요를 인식했지만 인생 가치관으로 선택하는 자발적인 내재화가 되기 전이라고 볼 수 있습니다.

양육이란,

부모가 자녀의 타고난 기질 강점을 지원하고 약점을 훈련하여, 자녀가 건강한 자기다움과 성품을 가진 어른이 되도록 자녀를 기르는 과정입니다.

훈육이란,

자녀가 사회적으로 건강하고 수용되는 방법으로 자신의 욕구를 해결할 수 있도록 기질 특성에 맞게 지도하는 과정입니다.

아동기는 자신의 경험 중 무엇을 인생 가치관으로 선택할지 시행착오를 통해 성장하는 시기입니다. 그래서 가정과 사회에서 태도 차이는 자연스러운 성격발달과정이라고 볼 수 있습니다.

따라서 부모는 자녀를 여러 명 키우더라도, 각 자녀의 타고난 기질 특성의 결을 이해하는 것이 필요합니다. 이는 부모가 자녀에 대한 존재적 결을 존중해주는 역할과 형제자매를 '가족'공동체로 다듬어가는 안내자 역할을 해야 하기 때문이죠. 그 과정에서 자녀의 꾸물거리는 행동 자체를 없애서 그 행동을 더 이상 하지 않게 하는 것이 지도 목적은 아닙니다. 자녀 스스로가 꾸물거리는 행동의 결과가 자신에게 유익하지 않으며, 그 행동이 선善한 방향이 아님을 자각할 수 있도록 가르쳐주는 것이 목적이죠. 또한, 우리는 가족이라는 공동체에서 살아가기 때문에 한 자녀의 꾸물거림이 가족에게 미치는 영향도 살피지만, 한 자녀의 꾸물거림을 개선하기 위해 가족이 같이 도와줄 수 있는 순기능의 역할에 대한 기대도 놓치지 말아야 해요. 가족이라는 공동체 안에서 우리만의 질서와 연합을 만들어가는 것이 부모의 역할입니다.

질서와 연합을 만들어가는 안내자 역할은 쉽지 않습니다. 쉽지 않다기보다는 정말 어렵지요. 그래서 우리에게는 사랑과 지혜가 필요합니다. 이를 위해 이 책에서는 자녀의 기질 특성이 꾸물거림에 어떤 영향을 주는지, 어떻게 개입하고 지도하면 서로 유익한 방향으로 나아갈 수 있는지를 다루려고 합니다.

02

꾸물거림에 영향을 주는 기질요인

자녀의 타고난 기질과 일상생활 속 꾸물거리는 행동의 연관성을 살펴볼게요. 기질은 기질을 구성하는 아홉 가지 구성요소를 통해 유형이 결정됩니다. 기질의 아홉 가지 구성요소는 다음과 같습니다.

활동성	집중성	규칙성
지속성	분출성	민감성
접근성	적응성	표현성

이 아홉 가지 기질의 구성요소는 Thomas & Chess의 이론에서 제시한 개념을 최은정 소장이 STA self-discovery Temperament Assessment기질검사 개발을 통해 새롭게 정의한 것입니다. STA 기질검사는 기질 구성요소의 조합과 균형을 통해 기질 유형을 파악하는 검사이며, 본 가이드북에서는 기질의 유형이 아닌 꾸물거림에 영향을 주는 기질의 구성요소만을 다룰 예정이에요.

다음은 꾸물거림에 주로 영향을 주는 기질 요소 5가지입니다.

활동성	집중성	규칙성
지속성	분출성	민감성
접근성	적응성	표현성

1순위. 집중성

초점을 맞추어 집중하고, 주의를 오래 유지하는 능력

집중성은 다양한 자극 중 자신이 지금 주의를 기울여야 하는 것에 초점을 맞추어 집중하는 능력과 집중해야 하는 자극을 선택하여 주의를 오래 유지하는 능력을 뜻합니다. 꾸물거리는 자녀의 경우 기질적으로 집중성 수준이 낮아 하기 싫은 것에 주의를 오래 유지하기 어려워하는 특징을 가지고 있죠.

2순위. 지속성

원하는 것을 계속 지속하려고 하는 마음과 행동

지속성은 자신의 선호활동과 선호자극을 지속해서 추구하는 경향성으로, 어떤 상황에 그것을 할 수 없음에도 자신이 원하는 것을 기어코 하려는 특성입니다. 또한, 자신의 선호와 비선호 즉, 호불호가 명확해서 하고 싶은 것만 하려는 특성이기도 해요.

지속성이 높은 자녀의 경우 기질적으로 하기 싫은 일상과업, 학습 등을 해야 할 때, 자신이 하고 싶은 것을 조절하기보다는 하고 싶은 것을 계속하거나 원하는 것을 하고 싶다는 마음을 계속 보유하는 특징을 가지고 있습니다.

3순위. 활동성

원하는 것을 얻으려고 하는 욕구와 움직이려는 활동량 정도

활동성은 자녀가 무엇인가를 하려고 하는 욕구와 동기 수준 그리고 적극적인 신체적 활동량을 의미합니다. 활동성이 높은 자녀는 하고 싶은 것이 많고 가만히 있는 것보다는 끊임없이 움직이려고 하며, 말하고 몸을 움직여야 편안함을 느끼는 행동 특징을 가져요. 반대로 활동성이 낮은 자녀는 말하고 움직이는 것에 에너지가 소진되기 때문에 행동이 느리고, 빨리 반응하는 것과 해야 할 일을 신속하게 처리하는 것이 어려워 해결 과정이 느린 경향성이 있습니다.

활동성이 높은 자녀의 경우 기질적으로 흥미가 없는 일상과업이나 학습 등을 해야 할 때, 다른 것에 계속 흥미를 보이거나 다른 말을 하고 움직이려고 해서 해야 할 일을 차분히 완수하는 것이 어렵습니다.

활동성이 낮은 자녀의 경우 기질적으로 일상과업과 학습 등을 해야 할 때 행동과 반응 속도가 느려 가족이 기다려야 하는 상황이 생기거나, 활동을 마치는 것과 준비 등이 오래 걸려 부모의 손길과 개입이 자주 필요한 상황이 일어납니다.

4순위. 분출성

불편한 감정을 드러내는 감정표현의 강도

분출성은 불편감을 느끼는 감각, 환경, 정서가 자극되었을 때 자신의 불편한 정도를 밖으로 드러내는 강도를 뜻합니다. 즉, **분출성**이 높은 자녀는 소리를 지르거나 물건을 던지는 등의 격한 행동으로 불편한 감정을 표현하며, **분출성**이 낮은 자녀라면 불편한 감정을 억제하거나 조용히 눈물을 흘리거나 말을 하지 않고 묵묵히 견디는 등의 모습으로 불편한 정도를 표현하죠.

분출성이 높은 자녀의 경우 기질적으로 일상과업과 학습 등을 해야 할 때와 부모의 지시 혹은 해야 할 책임이 주어질 때 자신의 불편한 감정을 과도한 감정표출과 행동으로 드러냅니다.

분출성이 낮은 자녀의 경우 기질적으로 일상과업과 학습 등을 해야 할 때 또는 부모의 지시나 무엇을 하라는 과제 부여와 당부가 있을 때, 적극적으로 자기표현을 하기보다는 가만히 있는 모습으로 꾸물거리는 행동을 보입니다.

5순위. 민감성

자신의 신체, 외부 환경 자극, 정서에 대한 예민성

민감성은 환경과 불편한 자극에 자신이 느끼는 예민함입니다. 오감에 예민한 경우, 환경적 변화에 예민한 경우, 자신과 타인의 정서 신호에 예민한 경우를 모두 포함해요. 특히 정서적 민감성을 가진 자녀의 경우 세심한 정서적 개입과 공감하는 과정이 필요하며, 이러한 정서적 유대감을 통한 안정감이 형성되지 않았을 때 일상에서 꾸물거리는 행동이 나타날 수 있습니다.

03

기질에 따른 지도방법

1. 집중성이 낮은 자녀

집중성이 낮은 자녀의 특징

- 듣고, 본 것을 잘 기억하지 못한다.
- 해야 할 것을 생각했다가도 금방 잊어버린다.
- 무엇을 해야 할지 스스로 생각하고 행동하지 않는다.
- 여러 번 같은 것을 설명했지만, 장기적으로 오래 기억하지 못한다.
- 복잡하게 생각하고 처리해야 할 과업을 해야 할 때 쉽게 포기한다.

집중성이 낮은 자녀는 해야 할 일에 집중하기 어려워하거나, 지시를 잘 까먹습니다. 지금의 행동이 이후에 어떤 결과를 가져올지 생각하지 못하고, 당장 하고 싶은 대로 행동하기도 하고, 주변 상황에 주의가 분산되어 다른 행동을 하는 경우도 많죠. 하기 싫은 것을 어떻게 하면 빨리할 수 있을까 생각하기보다는 하기 싫다는 생각에 휩싸여 할 일을 끝내지 못하는 경향이 있습니다.

집중성이 낮은 자녀는 보고 들은 자극을 생각으로 연결하는 것이 어렵습니다. 예를 들어 부모가 "일어나라"라고 하는 말을 귀로 들었지만, 그 말을 듣고 일어나야지 생각하거나, 지금 학교에 갈 시간이라서 지금 일어나야 출발이 늦지 않겠다고 생각하는 과정까지 이어지지 않아요. 듣기는 했으나 그것을 자신이 해야 하는 의미 있는 행동으로 연결하지 못하거나, 즉각 일어나지 않습니다. 보고 들은 것을 생각으로 연결은 했지만, 기억이 유지되지 않아 쉽게 까먹게 되는 기억유지의 어려움도 있죠. 예를 들어 부모가 "지금 학교에 가게 현관으로 나와라."라고 지시를 한 것을 보고 들으며 나가야겠다고 생각하고 현관으로 가서 기다렸다가도, 금세 잊고 다시 거실에서 돌아다니거나 다른 것이 생각 나서 방에 들어가 있기도 합니다.

집중성이 낮은 자녀를 볼 때는 자녀가 보고 들은 것을 생각하고 행동하는 기능과 기억유지, 무엇을 해야 할지 사고하여 계획하는 것을 나누어 생각해보아야 합니다. 집중성이 약한 자녀를 관찰할 때 어떤 집중성이 낮은지를 알고 있어야, 그에 맞는 도움을 주고 변화를 끌어낼 수 있기 때문입니다.

보고 들은 것을 생각으로 연결하는 힘이 약하다면?

모호한 설명이 아니라,
어떻게 해야 하는지 행동을 지시하는 것이 좋습니다.

예를 들어 "지금 학교 갈 시간이다."라는 말은 자녀에게 지금 무엇을 해야 하는지에 대한 설명으로 들리지 않습니다. "화장실에서 지금 나와라.", "가방 들고 현관 앞으로 나와라."의 지시처럼 학교에 가기 위해 서둘러야 할 때 지금 해야 할 행동부터 지시하는 것이 필요하며, 시간을 나타내는 '지금/당장/바로/5분까지' 등의 시간을 명료하게 넣어서 지시해야 해요. 그리고 첫 번째 지시에 대한 행동이 마치기 전에 다음 지시를 구체적으로 해주어 학교 갈 준비에 대한 집중성이 유지되도록 해야 합니다.

기억을 유지하는 것이 어렵다면?

짧은 빈도로 자주 말하여
아이가 기억을 유지하도록 도와주는 것이 적절합니다.

일상에서 매일 반복되는 아침에 일어나기, 정리 등의 일과라면 매번 말로 설명하기보다는 간단한 신호를 서로 정해서 한두 번은 문장으로 지시하고, 이후에는 단어, 그다음에는 간단한 터치로 신호를 주는 것이 효과적입니다.

1차 : "정리시간이야, 책상에 있는 공책을 책꽂이에 꽂아라."

2차 : "(공책을 손가락으로 톡톡 가리키면서) 책꽂이에 꽂아라."

3차 : "(공책을 손가락으로 톡톡 가리키면서) 꽂아라."

4차 : "책꽂이"

5차 : (부모가 책꽂이를 가리킨다.)

지시 유지가 어려운 자녀에게 지시할 경우, 가야 할(해야 할) 곳으로 이동해서 지시단어를 전달하면 효과가 있습니다. 예를 들어 공책을 정리해야 할 때 공책을 가리키면 다음에 무엇을 해야 하는지를 몰라 다시 공책을 들고 멍하게 있거나 딴 행동을 할 경우가 있어서 책꽂이를 가리키면서 지시하는 것이죠.

이러한 지시와 단계적 안내가 잔소리가 되지 않으려면, 부모의 목소리와 톤에 다급함이나 귀찮음 같은 기분이 들어가지 않고 평서문 형태의 안내사항을 알려주는 것처럼 전달합니다. 지시에 기분이 들어가면 지시를 듣는 자녀도 정서적으로 불편하고, 가족에서도 지시를 빨리 듣지 않는 자녀로 낙인찍히게 되어 행동을 바꾸는 노력을 포기할 수 있기 때문이에요.

해야 할 일에 주의를 기울여
판단하고 계획하는 것을 어려워한다면?

활동 순서와 계획을 하는 기초적인 사고 활동 연습이 필요합니다.

어떤 것을 해야 할 때 시간 순서대로 무엇을 해야 하는지, 어떤 것을 먼저 해야 하는지, 현재 상황에 어떤 것을 선택해야 하는지에 대한 사고와 판단 능력이 미숙한 자녀들이 있습니다. 이런 경우 기초적 사고기능을 지도하지 않은 채 반복적인 지시를 할 경우, 자녀는 결국 지시가 없을 때 스스로 선택과 판단을 하지 못하게 됩니다. 지시해야만 행동을 하는 상황이 반복되는 것이지요.

사고와 판단기능을 촉진하기 위해서는 오전 시간에 저녁 식사 이후 학습, 일, 시간을 계획하도록 지도하면 도움이 됩니다. 이때 시간의 흐름으로 생각하도록 시간에 따라 계획을 세우며, 간단한 그림을 그려 계획하는 것이 좋습니다. 그림을 그려 머릿속에 이미지를 기억하게 하면 좀 더 빠르게 할 일이 기억나게 하는 생각의 다리가 될 수 있죠. 계획이 아이의 머릿속에 숙지 되었다면, 스스로 선택하고 결정하도록 기회를 주며 지지해주는 것이 도움이 됩니다.

집중성은 일상생활에 소소한 영향을 많이 주기 때문에 부모의 인내심이 많이 요구되는 기질 특성입니다. 하기 싫은 것에 스스로 주의를 기울여 노력해야 하는 것은 집중성이 낮은 자녀들에게도 쉬운 일이 아니죠.

따라서 부모가 빠른 변화를 기대하게 되면 에너지가 소진됩니다. 그러므로 집중성이 약한 기능을 촉진하고 개입해야 하는 생활지도는 꾸준히 지도하며 자녀가 한가지 과업을 체득하는데 목표를 두고, 작은 변화를 살피는 것이 필요합니다. 동시에 부모 자신을 격려하면서 자녀를 지지하는 것이 중요해요.

집중성은 낮고, 활동성이 높다면?

집중성은 낮고 활동성이 높은 자녀들은 다른 행동이나 딴짓을 하면서도, 하기 싫은 기분을 바꾸기 위해 또 다른 행동을 하거나 장난을 치는 경향이 있습니다. 이런 경우 하기 싫은 것을 왜 해야 하는지 설명하거나 당부하기보다는 할 일을 빨리 끝낼 수 있는 대안을 주거나, 빨리 끝낼 때 유익한 점을 알려주면 효과가 있습니다.

활동성과 집중성이 모두 낮다면?

활동성과 집중성이 낮은 자녀들은 생각하지 않는 멍한 상태로 시간과 상황을 고려하지 않은 채 가만히 정지하고 있을 수 있습니다. 집중성을 훈련할 때는 몸이 익숙해지는 시간이 필요한데, 훈련에 동기부여가 안 된다면 어렵습니다. 따라서 집중성이 낮은 자녀는 '스스로 할 때 더 좋다'는 내적 동기와 함께 칭찬과 지지라는 외부 동기가 꼭 필요합니다.

2. 지속성이 높은 자녀

지속성이 높은 자녀의 특징

- 하고 싶은 것만 하려고 한다.
- 안된다고 해도 기어코 하고 싶은 것을 한다.
- 좋아하는 활동을 할 때 멈추는 것이 어렵다.
- 좋아하는 것에 몰입되어 있을 때 옆에서 불러도 잘 듣지 못한다.
- 하고 싶은 것을 멈추게 하거나 안된다고 할 때 저항과 반항이 강하다.

지속성이 높은 자녀는 하고 싶은 것을 기어이 하는 특징이 있어요. 이것은 부모 말을 무시하거나 부모를 일부러 화가 나는지 보려고 테스트하려는 것으로 오해되기도 하지만, 자녀는 그저 자신이 하고 싶은 것을 끝까지 해보려는 것뿐입니다. 특히 상황, 타인의 말과 표정에서 신호를 읽는 것이 둔감하거나, 집중성이 낮아 부모가 말하고 있는데도 하고 싶은 대로 행동하기 때문에 부모는 한계를 시험하는 것처럼 느끼게 되죠.

나쁜 의도가 있다기보다는 머리로는 그 행동을 하지 않아야 하며 지금 무엇을 해야 하는지 알면서도, 원하는 대로 하고 싶은 지속성이라는 기질 방향이 강력한 힘으로 자녀를 당기고 있다고 생각하는 것이 좋습니다. 이렇게 생각할 때 부모는 자녀가 나를 이겨 먹으려고 하거나 내 말을 무시하는 것이 아니라, '자신을 통제할 수 있는 힘이 약하구나.', '하고 싶은 대로 해야 직성이 풀리는 성향이 정말 강한 자녀구나.'라고 이해할 수 있습니다. 그래야 부모의 감정노동이 줄어들고 상처를 덜 받을 수 있죠.

지속성이 높은 자녀는, 지금 나가야 한다고 10분 전부터 여러 번 설명을 해주고 지시를 해줘도 자신이 보고 싶은 만화책을 손에서 떼지 않습니다. 지금 밥 먹으러 가야 한다고 여러 번 말해도 TV에 눈과 귀가 붙어 있는 것처럼 미동도 하지 않고요. 10분 뒤에 학습 시간이니까 할 일을 다 마치자고 말해도 자녀는 자기가 하는 일을 계속합니다. 그러니 부모가 속이 터지고 화가 나는 것은 너무도 당연한 일입니다.

그런데 한 가지 알고 있어야 할 것은, 지속성이 높은 자녀의 경우 한 가지에 몰입해서 지속할 때 주변 자극에 대한 신호체계를 보고 듣고 인지하는 감각을 열어놓고 있지 않아 실제로 잘 못 듣거나, 못 보거나, 듣고 봤어도 단순한 소리와 보이는 대상으로만 보는 경향이 있다는 것입니다. 즉, 앞서 설명한 것처럼 주의를 생각으로 연결하지 못하는 특징이 같이 나타날 수 있다는 거죠. 이것은 단순히 집중이 어려운 게 아니라 한 가지에 꽂히면 그것을 계속하려는 경향성이기 때문에, 곁에서 지시하는 것도 중요하지만 자녀가 꽂히는 행동의 시작 자체를 통제하는 것이 효과가 있습니다.

한 가지를 계속하겠다고 주장한다면?

왜 하면 안 되는지 설득하지 말고
언제, 어떤 방법으로 할 수 있는지를 조율합니다.

지속성을 이해했다면, 그 행동을 왜 멈춰야 하는지 설명해도 효과적이지 않은 것을 알 수 있으실 거예요. 부모가 그 행동을 멈추게 하려고 노력하는 만큼, 그 행동을 더 주장하는 힘이 강해지는 것이 지속성의 기질특성이기 때문입니다.

예를 들어 밥을 먹어야 하는데 계속 만화책을 보겠다고 한다면, 5분 정도 기다려줄 수 있는데 만화책을 몇 페이지까지 보고 올지 정해보라고 제안할 때 효과가 있습니다. 그럼 5분 안에 대충 훑어보더라도 끝까지는 보고 오겠죠. 그러면 그 다음 상황을 놓치지 않고 바로 기준을 세우고, 적절한 조절을 위한 통제를 제공하면 됩니다.

이렇게 5분 시간을 주면, 자녀가 앞으로도 계속 그렇게 할 것이라고 부모가 불안해할 수 있습니다. 5분 뒤에 자녀가 올 동안 '그냥 기다렸다가' 밥을 먹게 하면, 정말 자녀는 5분 정도는 지시를 듣지 않은 채 하고 싶은 것을 해도 된다고 생각할 수 있죠. 부모가 우려하는 일이 일어나는 것입니다. 그래서 부모는 5분 동안 자녀의 근처에서 관찰하며 기다렸다가 일어나며 즉시 "5분을 정확하게 지켜줘서 고맙다."라는 칭찬을 해야합니다. 그 이유는 5분의 약속과 책임을 강조하기 위해서죠. 칭찬하고 난 후 식사 전 한 가지만 이야기를 나누고 식사를 하자고 제안해야 합니다. '시간은 모두가 지키는 것이며 오늘은 내가 규칙을 정확하게 알려주지 않았기 때문에 책 보는 것을 마무리하도록 5분을 주었지만, 다음에는 o시에 맞춰서 책을 모두 읽고 일어나도록 시간을 확인하고 책을 보라.'고 명확하게 가르쳐줘야 합니다. '오늘 시간에 맞춰서 책 읽기를 마치라는 설명을 했고, 네가 이해했기 때문에 내일부터는 5분이라는 시간은 주지 않을 것'이라 알리고, 이해했는지 확인해야 하지요.

이 대화 과정에서 명료함이 가장 중요하며 부모가 엄청난 배려를 했다는 잔소리가 되지 않게 해야 합니다. 부모가 구조와 규칙을 잘 통제하고 있고 나의 이런 행동을 힘들어하지 않는다는 느낌을 전달할 때, 아이는 통제를 일방적인 지시라기보다 자신을 조절해주는 도움으로 느낄 수 있기 때문입니다.

한 가지에 몰입하여 전환을 힘들어한다면?

빨리 움직여야 하는 시간에는
몰입하는 활동을 하지 않도록 합니다.

빨리 움직여 시간에 맞춰서 할 일을 해야 하는 오전 시간, 자기 전 시간에는 쉽게 몰입하며 좋아하는 활동을 하지 않도록 해야 합니다. 전환이 어렵다는 것은 TV를 보다가도 학원을 가야 하면 빨리 가방을 챙기고, 놀다가도 식사시간에 자리에 앉아야 하는 등의 전혀 다른 활동을 해야 할 때 하던 일을 빨리 멈추고 다음 활동으로 넘어가지 못하는 것을 의미해요.

지속성 특성이 강한 자녀는 하던 일을 멈추기도 어렵지만, 다음 활동이 하기 귀찮은 것이라면 전환할 의지를 내지 못합니다. 그래서 부모가 가장 바쁘고 아이들이 빠릿빠릿하게 행동해야 하는 오전 시간에는 자녀가 선호하는 놀이, 책 등에 빠지지 않도록 하는 것이 적합합니다. 예를 들어 TV에 몰입하는 자녀라면, 그 자녀는 TV를 보다가 세수를 하러 가는 것이 어렵겠죠. 따라서 가장 먼저 세수를 하고 준비를 마친 후에 TV를 보다가 모두가 일어날 때 같이 일어나 등교를 하면 한결 원활합니다.

자기 생각을 고집하는 자기중심성이 강하다면?

논리 중 맞는 부분을 찾아 동의한 후
스스로 비논리를 깨우칠 수 있도록 지도합니다.

부모가 자녀를 이기적이라고 생각하고 있다면, 자녀와 논리적으로 대화를 하여 자녀가 부모의 생각을 받아들이도록 설득하는 것은 어렵습니다. 지속성 자녀는 자기 생각을 지속하는 경향성이 매우 강하기 때문이죠. 비논리를 논리로 이기려고 하기보다는 스스로 비논리를 깨우칠 수 있도록 지도하는 것이 효과적입니다.

자녀가 왜 쓰레기통을 지금 정리해야 하는지 따져 물으며 "어차피 또 해야 하는데 토요일에 하면 되지 않아요?"라고 한다면, 먼저 자녀의 논리 중 맞는 부분을 찾아 동의해주는 것이 필요합니다. 지속성 자녀는 자신의 논리가 틀렸다는 논박이 시작되면 더욱 고집스럽게 자신의 논리를 붙듭니다. 논리가 깨지면 지는 것이라고 느끼거나, 그 뒤에 힘들거나 귀찮은 것을 해야 한다는 것을 알고 있기 때문이죠.

그래서 논쟁을 할수록 부모는 자녀의 반항적 태도에 대한 훈육을 반복하게 되는 일이 생깁니다. 부모가 쓰레기는 당연히 매일 정리해야 하는 것 아니냐는 논리로 접근하거나 따지는 거냐는 비난으로 시작하거나, 한숨을 쉬면서 무시하는 투로 빨리하라고 지시한다면 자녀는 더욱 고집스러운 태도로 대응할 테고요.

부모는 매일 정리하는 것은 귀찮은 일이라고 인정하고, 매일 정리하지 않을 수 있는 효율적인 방법이 있는지 생각해보자고 제안을 하면 좋습니다. 자녀들과 함께 쓰레기통을 더 큰 사이즈로 바꿔 이틀에 한 번을 치우거나, 쓰레기통을 치우지 않도록 쓰레기 봉지에 바루 넣는 방법을 찾아가는 조율과정을 가질 수 있겠죠.

10세 이전은 도덕성이 타율적으로 이해되는 시기로, 권위 있는 성인이 말하는 규칙과 규범을 절대적인 것으로 인식합니다. 그러나 10세 이후에는 규칙과 규범이 절대적이지 않고 행동의 동기와 의도가 중요하며, 의도적으로 하지 않았다면 처벌을 받지 않을 수 있다고 생각하고요. 즉, 질서와 규칙, 규범을 스스로 선택하는 시기입니다. "이런 일은 당연히 해야 한다.", 혹은 "이런 습관이 너의 미래에 도움이 된다."라는 말로만 가르칠 수 있는 시기가 아니라는 것이죠. 따라서 부모는 규범을 지키도록 가르치고 동시에 유연하게 자녀의 의견을 반영해 주어야 합니다.

지속성이 높고, 집중성이 낮다면?

일상생활 습관이 쉽게 학습되지 않을 수 있어 부모의 지속적인 개입과 관심이 필요한 자녀입니다. 이 경우는 집중성보다는 지속성에 먼저 초점을 두어 양육하는 것이 적절해요. 지속성 경향이 조절될 때 주의를 기울이는 것이 오래 유지되기 때문입니다.

지속성이 높아 자기주장이 명확하다면?

자녀의 의견을 듣고 논리적인 대화를 하는 시간을 마련하는 것이 필요합니다. 이러한 대화시간은 자녀와의 갈등상황을 좀 더 수월하게 해결할 수 있게 해줍니다. 대화가 가능한 부모의 태도만으로도 일방적인 통제를 받는다는 느낌이 줄어들기 때문이죠.

3-1. 활동성이 낮은 자녀

활동성이 낮은 자녀의 특징

- 움직이지 않는 것을 편안하게 느낀다.
- 선택적으로 하고 싶은 것에만 에너지를 쓴다.
- 빨리 생각하고 얼른 행동하는 민첩함이 적다.
- 몸에 힘을 잘 주지 않고 흐느적거리거나 늘어져 있다.
- 빨리, 얼른, 지금 하라고 다그칠수록 수행이 느려진다.
- 일상생활에서 종종 멍하거나, 가만히 있는 행동이 나타난다.
- 에너지를 쓴 뒤에는 쉬고, 먹고, 눕기 등의 에너지 충전이 바로 필요하다.

활동성이 낮은 자녀는 기본적으로 에너지의 동력 수준이 낮은 아이입니다. 그래서 에너지를 늘 적당히 쓰는 것이 편안하고, 웬만하면 움직이거나 활동하기보다는 쉬거나 에너지를 보존하려고 합니다.

늘 쉬는 것은 아니고, 에너지를 선택적으로 사용해요. 자신이 꼭 하고 싶은 놀이와 활동을 할 때는 적극적으로 뛰어놀고 소리도 지릅니다. 그렇기에 할 수 있는데 하지 않고 조용히 저항하는 아이들 혹은 게으른 아이들이라는 생각이 들기도 하죠. 활동성이 낮은 자녀는 일상생활에서 해야 하는 일을 귀찮아합니다. 하고 싶지 않은 것을 해야 하는 상황 자체에 에너지를 쓰고 있어 듣고, 보고, 생각하는 것에 아무 신경을 쓰지 못한다고 보는 것이 적절합니다.

에너지가 남들과 비교하여 절반 정도밖에 되지 않기 때문에, 이 아이들은 늘 에너지를 보존하다가 하고 싶은 것이 있을 때 에너지를 사용하는 기질 경향성을 가지고 있습니다. 아침에 일어나야 하지만, 벌떡 일어나는 것이 마음처럼 되지 않습니다. 몸의 감각들도 뇌의 움직임도 모두 천천히 작동하기 시작하기 때문에, 느리게 반응하고 느리게 움직입니다. 움직이는 것보다는 움직이지 않는 것이 편안해서 부모가 감독하지 않을 때는 다시 누워 자기도 합니다.

활동성이 낮은 자녀는 일상에서 많이 꾸물거립니다. 특히, 식사해야 할 때 숟가락을 드는 속도부터 음식을 씹고 삼키는 행동이 모두 느립니다. 식사 후 하고 싶은 것이 매우 흥미 있는 것이 아니라면, 식사 후 하고 싶은 활동이 자신을 움직일 동기가 되지 못합니다. 그래서 부모가 왜 빨리 먹으면 좋은지 설명해도 별다른 효과가 없습니다. 부모가 한참을 설명했는데도 불구하고 자녀의 태도와 행동에 변화가 없다면, 부모는 자녀가 생각을 안 한다거나 답답하다고 판단하게 됩니다.

따라서 활동성이 낮은 자녀에게는 적은 식사, 적은 과업을 주는 것이 효과적입니다. 적은 식사를 주어 아이가 '빨리 먹으면 되겠구나.'라고 생각하게 하고, 정리 정돈할 일을 적게 주어 아이가 '조금만 하면 끝나겠다.'라는 긍정적인 생각을 하게 합니다. 자녀가 신속하게 일어나 할 일을 처리하면 자녀를 칭찬합니다. 빨리 움직이고 할 일을 끝내니 더 마음이 편하고 개운하다는 느낌을 아이가 기억하게 만드는 것이죠.

3-2. 활동성이 높은 자녀

활동성이 높은 자녀의 특징

- 말이 많거나, 계속 움직인다.
- 흥미 없는 것을 해야 할 때 소소한 장난이 잦다.
- 몸이 멈추면 말을 하고, 말을 멈추게 하면 몸이 움직인다.
- 각성이 올라가면 쉽게 흥분하여 과장된 행동과 정서를 보인다.
- 가만히 몸을 정지하여 멈추고 있는 것을 답답해하고 힘들어한다.
- 주변 소리와 보이는 것에 즉각 반응하고, 반응하는 즉시 몸이 움직인다.

활동성이 높은 자녀는 주변 자극을 억제하는 힘이 약해, 늘 행동으로 튀어 오르는 특징을 가진 아이입니다. 무엇인가를 끊임없이 하려는 기질로 계속 말하고, 계속 움직이고, 계속 무엇인가를 하려고 합니다. 그래서 가만히 있는 것, 조용한 상태를 불편해합니다.

특히 활동성이 높은 자녀는 하기 싫은 것을 해야 할 때, 자동으로 하고 싶은 다른 것이 생각나고, 흥미로운 주변 일에 반응합니다. 당장 책상을 정돈해야 하지만 옆에서 친구가 서랍을 정리하다가 장난감을 발견하면, 그것에 시선이 끌리고 흥미가 자극되어 정리정돈은 뒷전으로 미룬 채 이야기를 하지요. 그래서 이 아이들은 부모가 무엇을 하라고 지시했을 때 바로 듣고 반응하는 모습을 보이지만, 조금 뒤에는 다른 행동을 하면서 키득거리며 놀고 있습니다. 아이는 지시를 듣고 무시한 것은 아닙니다.

다만 흥미로운 것을 보고 들은 순간 번쩍이는 스파크가 일어나면서, 재미라는 불빛에 해야 할 일은 가려지고 아이에겐 할 일이 보이지 않게 된 것이죠.

활동성이 낮은 아이들과는 반대로 이 아이들은 에너지를 계속 방출하려는 경향성을 가지고 있어서 가만히 있는 것, 조용한 분위기, 한 가지만 하는 상황 등이 답답합니다. 몸이 좀 쑤시는 것처럼, 가만히 몸을 정지하는 것 자체가 답답하고 점차 불편해지고요. 그래서 활동성이 높은 아이들은 가만히 있는 것이 힘들어 유아기에도 자기 전이나 TV를 볼 때 손을 빨거나, 무료할 때 괜히 통통 뛰고 빙글빙글 거실을 돌거나, 소파 위를 오르락내리락하며 계속 움직이려고 하는 행동을 보입니다. 학령기에는 손을 빨거나 소파 위를 올라가지는 않지만, 계속 말을 하거나 주변에 보이는 것을 만지고 듣고 반응하느라 바쁘죠.

즉, 타고난 기질이 자극을 계속 추구하며 반응하는 기질이기에, 다수가 있는 집단이라는 환경 자체가 이 기질의 아이들을 계속 자극합니다. 그래서 집단에 있을 때 이 아이들은 자신이 해야 할 일에 집중하는 것이 마음처럼 쉽지 않고, 하나에 초점을 맞추려면 주변 자극에 반응을 억제할 의지가 필요하죠.

따라서 부모는 활동성이 높은 자녀에게 꾸물거리는 행동이 일어나지 않도록 지도할 때는 부모와 대화하는 것으로 활동성을 사용하도록 하거나, 몸을 움직이면서 해야 할 일과 책임을 주어 역동성을 장난이 아닌 부지런한 움직임으로 발현하도록 인도하는 것이 좋습니다.

예를 들어 밥을 먹을 때 계속 딴짓을 하거나 말을 한다면, 부모가 대화에 참여하여 대화하다가 "이제 두 번 먹고 나서 다시 얘기하자."는 식으로 조절을 도와줍니다. 학습할 때 계속 옆 친구에게 장난을 치거나 다른 것을 하느라 왔다 갔다 한다면, 아예 물 한 번 먹고 부모에게 물을 한 잔 갖다 달라고 심부름을 부탁하며 움직일 기회를 제공하여 활동성의 활로를 잠시 열어주는 것도 좋아요.

4. 분출성이 높은 자녀

분출성이 높은 자녀의 특징

- 부정적인 감정이 느껴지면 즉각 화를 낸다.
- 원하는 것이 뜻대로 되지 않으면 즉각 화를 낸다.
- 부정적인 감정을 표출하는 강도가 보통의 또래보다 세다.
- 거친 단어, 높은 고성, 과장된 행동 등으로 부정적 감정을 표출한다.
- 서서히 화를 내는 것보다는 즉각 강한 말/행동으로 부정적 감정을 표출한다.

분출성이 높은 자녀는 불편함을 강렬하게 표현하는 아이입니다. 분출성이 높은 자녀를 양육할 때 부모는 갑작스럽게 흥분하거나 저항하는 태도에 의해 당혹스럽고, 다자녀를 양육하는 상황에서 한 자녀의 흥분을 가라앉혀야 할 때 가장 난감하지요. 자녀의 안전도 신경 써야 하고, 자녀의 흥분과 감정적 태도로 인해 분위기가 흐트러지는 것과 다른 아이들의 모방까지 고려하여 올바른 태도를 가르쳐야 하기에 여간 복잡한 일이 아닙니다.

분출성이 높은 자녀가 꾸물거리는 상황을 생각해볼까요? 부모가 여러 번 지시해도 자녀가 반응하지 않아 단호해지거나 소리를 높여 호되게 야단을 치게 될 경우, 자녀는 더 높은 분출성으로 분노하거나 흥분을 감추지 못할 수 있습니다. 이때 부모는 자녀의 흥분이 가라앉을 때까지 그 행동을 가만히 기다려주자니 이렇게 화를 내고 흥분하는 것이 습관이 되거나 다른 자녀가 모방하게 될까 염려스럽고, 자녀를 엄격하게 제압하려니 훈육과 학대의 경계가 고민됩니다.

우선 부모는 분출성이 높은 자녀를 직면할 때 '자녀가 대든다, 버릇이 없다.' 또는 '나를 이겨 먹으려고 한다.'고 생각하기보다 자녀를 감정을 드러내는 강도가 센 아이라고 생각을 바꾸어야 합니다. 부모가 자녀의 행동에 불순한 의도가 있거나 도덕적으로 바람직하지 않은 행동이라고 판단하는 순간, 꾸물거림을 지도하는 목적에서 갑자기 태도를 교정하는 훈육으로 넘어가게 되기 때문이죠.

단추를 하나씩 끼우듯 우선 꾸물거림에 대한 것부터 해결하고 그다음 태도를 가르쳐도 괜찮습니다. 형제자매들은 '그 행동을 해도 엄마, 아빠가 별다르게 혼내지 않으니까 나도 그래야지.'하고 생각하기보다는 그 행동을 다뤄가고 가르치는 부모의 모습을 통해 태도를 배울 것입니다. 그리고 부모가 그 정도의 반응에 동요되지 않을 힘이 있다는 것도 알게 될 거고요.

분출성이 높은 자녀라면?

분출성이 높아지는 방아쇠를 알아야 합니다.

부모가 세 번 이상 이야기할 때 아이가 짜증을 내며 분출성이 올라가는지, 학습시간 전에 친구들과 다툼이 있거나 자기 생각대로 안 된 일이 생긴 후 공부시간에 어려운 문제를 풀면 신경질을 내는지, 푹 자지 못한 채 아침에 일어났을 때 단지 "이부자리 정리해라."라는 말에 자극되는 건지, 청각적으로 예민하여 부모가 조금만 크게 말해도 짜증을 내는 건지, 명령형 지시를 싫어해서 말투에서 자극이 되는 건지 등의 방아쇠를 알고 있어야 합니다.

스스로 멈출 시간을 미리 약속합니다.

아이가 부적절한 말과 태도를 했을 때, 스스로 멈출 수 있는 시간을 주어야 합니다. 이 약속은 미리 집단에서 아이들과 함께 만들어두어야 하죠. 일상에서 부모가 지도할 때, 아이가 격한 화가 나면 스스로 진정할 수 있는 시간을 정하는 것입니다.

이때 한계를 정하지 않으면 다음 일과에 영향을 주기 때문에 부모는 최소 1분~5분 정도로 가이드를 주고, 그 안에서 자신의 감정을 추스르는 시간, 부모가 기다려주는 배려를 구하는 시간을 서로의 약속으로 정합니다. 이는 자녀의 감정에 대한 배려이자, 부모에 대한 존중입니다. 자녀에게 진정하는 시간이 끝난 뒤에는 설교와 설명은 하지 않아야 합니다. 자녀가 진정된다면 평상시와 같은 톤으로 재지시를 간단히 하고, 지시를 따라주는 것에 대한 긍정적인 기대를 하는 것이 중요합니다.

분출성이 높은 자녀의 순간적 감정적인 태도는 문제지만, 근본적으로 자녀가 나쁜 아이거나 모든 규칙에 따르지 않겠다는 반항을 하는 것이 아닙니다. 부모가 단지 오늘, 지금 그 행동만 지켜봐 줄 때 자녀는 실수한 행동을 멈추고 다음 기회를 잡을 수 있습니다. 부모의 시선이 '네가 어떻게 하는지 보겠다'라는 느낌을 준다면 불필요한 자존심 문제로 자극될 수 있습니다.

분출성을 낮췄을 때,
즉시 고마움을 전달합니다.

감정을 강하게 드러내면서 얻는 이점들이 있습니다. 부정적 감정을 분출하면서 감정을 비워내는 개운함도 있고, 누군가 자신을 건드리지 않게 하여 자신을 보호하기도 하죠. 아이에게는 감정을 분출할 때보다 마음을 진정하고 언어로 표현할 때 얻어지는 이점이 있어야 다른 방향으로 방법을 바꿔볼 의지가 생깁니다. 따라서 부모는 자녀가 감정적 태도를 조금이라도 낮추고, 욕설을 한 번이라도 덜 쓰고, 화를 내는 시간을 조금이라도 줄이고, 말로 표현했다면 그 작은 노력에 관심을 보이며 고맙다는 마음을 전해야 합니다.

5. 민감성이 높은 자녀

민감성이 높은 자녀는 신체적인 감각적 민감성, 환경적 민감성, 정서적 민감성이 높은 자녀들로 나누어 볼 수 있습니다. 각각의 민감성을 살펴보겠습니다.

신체적 민감성

신체적 민감성이 높은 자녀의 특징

- 시각/청각/미각/후각/촉각에 민감하다.
- 불편한 자극에 반응하는 속도가 빠르고 예민하다.
- 하기 싫은 것, 힘든 것 등의 불편한 상황과 감정이 자극되면 신체적 예민함이 같이 올라온다.

신체적인 감각적 민감성이 높은 자녀는 식사할 때 이상해 보이는 색깔과 모양을 보면, 먹어보지도 않고 반찬을 거부합니다. 식사를 오래 하며 꾸물거리죠. 미각이 예민한 자녀가 아주 조금이라도 짜거나 맵거나 간이 맞지 않는다고 느끼면, 먹기를 거부하거나 몰래 음식을 뱉을 수도 있습니다. 식사시간을 싫어하여 식사시간에 맞추는 것에 꾸물거림이 나타날 수도 있고요. 이처럼 같은 편식과 식사 시 꾸물거림에도 어떤 감각의 예민함이 있는지에 따라 이유가 다 다릅니다.

이러한 감각에 대한 예민성을 까다롭다고 쉽게 평가할 수 없는 이유는 아이마다 느끼는 정도의 양이 다르기 때문입니다. 보통의 아이에게 하나의 감각이 전달되는 자극의 양이 1이라면, 감각적 민감성을 가진 자녀의 경우는 자극의 양이 10~100이라고 할 수 있습니다. 느끼는 정도의 양이 다르기에 쉽게 까다롭다고 치부할 수 없다는 것이죠. 촉각에 대한 민감성이 높은 자녀는 평상시 즐거울 때는 예민하지 않을 수 있지만, 하기 싫은 활동을 할 때는 취약한 자극에 더욱 예민해지면서 옆에 앉아있던 친구와 살짝 팔이 스치기만 한 것도 친 것으로 느끼는 경우가 있습니다. 그래서 나란히 앉아 학습할 때, 학습에 신경을 쓰며 집중해야 할 때, 다닥다닥 앉아있는 자리에서 예민함이 높아져 학습에 집중하지 못하기도 하고요. 이처럼 아이들의 꾸물거리는 행동 속에 개인적인 예민함이 아이를 방해하지 않는지 관찰이 필요합니다.

환경적 민감성

환경적 민감성이 높은 자녀의 특징

- 분위기의 변화에 대한 예민함이 높다.
- 환경변화를 빨리 알아차리고, 분위기가 전환될 때 긴장/각성이 자극된다.

환경적 민감성이 높은 자녀는 주변 분위기에 쉽게 영향을 받습니다. 공부를 하다가 한 명이 농담하여 분위기가 흐트러지기 시작하면, 민감성이 높은 아이는 금세 영향을 받아 방해된다고 신경질을 내거나 혹은 같이 떠들죠. 상황의 흐름이 어떻게 흘러가는지 빨리 알아차리는 촉이 남다른 아이라고 생각하면 됩니다.

부모는 이 자녀들이 누울 자리를 보고 다리를 뻗는다고 느낄 수 있어요. 그래서 환경적 민감성이 높은 자녀가 꾸물거리는 행동을 보일 때는, 지시의 내용과 설명보다 우리 가족의 분위기가 어떻게 흘러가고 있는지에 대한 역동을 살펴야 합니다.

기준이 엄격하지 않은 부모가 여지 있는 태도나 타협해줄 것 같은 태도를 보이면, 자녀의 꾸물거림이 자극될 수도 있어요. 따라서 환경적 민감성이 높은 자녀에게는 환경의 변화를 최대한 줄이기 위해 부모는 다음과 같은 일을 해야 합니다. 분위기를 고조시키는 부모의 위트와 장난 등의 각성에 대해 부모가 서로 기준을 맞추고, 갑작스런 이벤트와 허용되는 활동을 어느 정도 줄이는 일입니다.

정서적 민감성

정서적 민감성이 높은 자녀의 특징

- 다른 사람의 표정, 말투에 예민하다.
- 감정이 쉽게 상하고, 잘 토라지거나, 잦은 짜증을 보인다.
- 정서가 풍부하고, 감수성이 높으며, 다른 사람의 감정을 잘 알아차린다.
- 정서가 편안해지고 안정되는 정도에 따라 일상생활 및 학습수행능력에 편차가 크다.

정서적 민감성이 높은 자녀는 자신의 기분, 감정 상태에 쉽게 자극을 받아 작은 감정변화에도 빠르고 예민하게 반응하며, 동시에 타인의 기분 변화, 태도, 말투, 표정 등의 정서적 신호도 기민하게 느낍니다.

정서적 민감성이 높은 자녀의 경우 다툰 후 서로 갈등을 해결한 후에도 감정을 정돈하거나 쉽게 전환하는 것을 어려워합니다. 그래서 그다음 해야 하는 공부나 식사 등 일상에 집중하지 못하거나, 감정의 동요가 여전히 일어나고 있어 할 일을 하지 않은 채 불만족스러움을 표현하기도 합니다. 괜히 곁에서 형제가 건드리면 앞 상황에서 해결되지 않은 감정을 쏟아내면서, 할 일을 하지 않겠다고 토라지거나 신경질을 내기도 합니다.

정서적 민감성이 높은 자녀는 지시 전에 정서를 알아주는 한마디 말이 중요합니다. 그리고 그 한마디 말을 전달할 때 부모가 보내는 표정과 말투 등의 비언어적 신호가 매우 중요합니다. 정서적 민감성이 높은 자녀는 상대방의 말과 태도에서 보이지 않은 진정성을 알아차리기 때문에, 부모의 아주 작은 몸짓 하나에 꾸물거림이 더욱 강화되기도 하고 얼음이 녹듯 꾸물거림이 금세 사라지기도 해요. 따라서 부모는 겉으로 드러난 나의 논리적인 말 대신 나의 정서를 살필 필요가 있습니다.

THREE

3

꾸물거리는 자녀를 위한 양육의 지혜

상황에 따른 규칙 조율에도 기준은 필요합니다.
상황과 개인적 욕구에 따른 조율지점이
부모로서는 일관적이라고 생각하지만,
자녀는 모호하게 이해하는 경우가 많아요.
그래서 구체적이고 명료한 기준을 명시해야 합니다.

01

식사 시간

1. 식사 시간에 집중 못 하고 딴짓 하는 자녀

"밥을 먹을 때 속도가 늦어요."

"밥을 늦게 먹다가 결국 남겨요."

"밥을 먹을 때 다른 행동을 하거나, 말을 하느라 밥을 못 먹어요."

활동성이 낮은 자녀의 경우

▶ 활동성이 낮은 자녀는...

- 아침에 일어나자마자 바로 움직이고 식사를 하는 것이 어려울 수 있어요.
- 먹는 것에 대한 흥미가 적어서 식사시간에 능동적이기 어려워요.
- 수행 속도가 느려서 식탁에 오는 것부터 행동이 느릴 수 있어요.

DO POINT
질서가 있는 조율 제공하기
DO NOT POINT
비일관적으로 조율하지 않기
FAMILY POINT
함께 준비하는 식사시간

DO POINT 질서가 있는 조율 제공하기

학령기 자녀는 더 이상 양육자의 엄격하고 절대적인 태도와 엄포를 놓는 말로 규칙을 반드시 지켜야 한다고 생각하지 않습니다. 학령기는 자율적으로 규칙을 선택하고 결정할 수 있는 인지능력을 갖추고, 절대적인 사회적 규칙과 타협 가능한 규칙이 무엇인지 구별할 수 있는 나이입니다. 식사에 대한 속도와 열심히 먹어야 하는 태도의 문제는 절대적인 규칙으로 가르칠 영역이 아닙니다. 따라서 학령기 자녀가 식사에 대한 흥미가 낮거나 식사 속도가 느릴 때는, 주중과 주말이라는 상황에 따른 조율지점을 만들어나가는 것이 필요합니다.

학령기에는 개별적 기질특성과 욕구를 고려하여 조율해주는 것이 좋습니다.

자녀의 개별적 기질특성과 욕구에 부모가 반응할 때, 자녀는 식사시간 지키기, 밥 먹기 등의 일상생활규칙을 지키는 과정에서 존중받는 느낌을 경험합니다. 자녀가 자신의 욕구에 부모가 관심을 가지고 조율해준다는 믿음이 생기면서, 아이는 식사에 대한 부정적 인식이 줄고 분위기가 나아집니다. 또한, 활동성이 낮은 자녀는 먹고 싶다는 동기가 있을 때 스스로 움직이고 먹기 때문에, 부모는 자녀의 자발성을 지지해주어야 합니다. 당장 자녀가 적은 양을 먹는 것에 신경 쓰기보다는 식사 동기가 사라지거나 저항감이 생기지 않도록 해야 합니다.

- 주중에 간단한 아침 메뉴 함께 정하고, 항상 준비된 메뉴 안에서 선택하여 먹도록 하기
  - 빵, 우유, 샐러드, 시리얼, 떡, 과일, 주먹밥 등 손쉽게 먹을 수 있는 식사로 준비하기
  - 정해진 메뉴는 항상 준비해주되, 스스로 선택하여 자발적 식사를 하고 마치도록 하기

- 식사량이 적은 자녀 : 식사량 스스로 정하기
- 편식이 있는 자녀 : 빨리 식사할 수 있는 음식 의논하여 정하기
  - 주말에는 먹기 싫은 반찬 1가지 제외하기, 먹고 싶은 음식 먹기
- 먹는 속도가 느린 자녀 : 주말에는 식사시간 30분 → 50분으로 하기
- 간식을 좋아하는 아동 : 주말에는 간식 1개 더 먹기

주중에는 식사를 빨리하는 것보다 등교 및 시간 관리가 우선입니다.

주중은 등교 시간을 고려해서 일어나는 시간과 나가는 시간, 식사시간을 정합니다. 식사 때문에 등교 준비가 늦어지지 않도록, 식사보다는 중요한 사회적 규범인 등교 시간에 일과를 맞추도록 지도해야 합니다. 즉, 식사량을 줄이거나 간단하게 하여 등교에 차질이 없도록 하는 것이 우선순위입니다.

제안하기

먹는 것에 관한 관심과 의욕이 부족한 자녀가 밥을 열심히 그리고 제시간 안에 먹는 것은 생각보다 어려운 일입니다. 부모의 설교와 설명이 많아지면 결국 잔소리가 되어 동기를 더 저하하거나 자녀의 기분을 불쾌하게

만들죠. 따라서 아동이 식사에 자발적인 동기를 가질 수 있도록 제안하여 자신이 식사에 대한 목적을 찾도록 하는 것이 도움이 됩니다.

자녀 스스로 식사를 준비하는 것이 좋습니다.

- 먹고 싶은 반찬 스스로 꺼내오기
- 먹고 싶은 국 스스로 떠서 먹기
- 먹고 싶은 만큼 밥 떠서 먹기

What
"무엇을 먹고 싶니?"

부모가 아이에게 식사로 무엇을 먹고 싶은지 물어볼 때 아이가 대책 없이 불가능한 것이나 간식을 얘기할 수 있으므로, 부모는 아이에게 제공해 줄 수 있는 것을 미리 알려주면서 질문해야 합니다. 식사를 부지런히 먹었으면 좋겠다는 부모의 의도와 마음을 먼저 전달하고, 예를 들어 김/김자반/감자볶음/참치 등이 있는데 어떤 것이 있으면 좀 더 맛있게 먹을 수 있는지 물어보세요. 자녀가 선호하는 반찬이나 선택한 것을 제공하여 식사를 도와주는 방식으로, 이러한 질문과 선택지는 식사를 차리기 전에 물어봅니다. 밥을 먹는 동안 질문은 삼가야 하고요. 자녀가 밥을 먹기 싫어하는 상황에서 질문하는 것은 결국 자녀의 투정에 대한 부모의 애정과 반응이 당연하다는 것을 학습시키며 떼쓰기를 강화하기 때문이에요. 자녀가 선호하는 반찬이나 선택한 것을 제공하여 식사를 도와줍니다.

What

"네가 원하는 것이 뭐니?"

느리게 먹는 자녀의 경우 먹는 양을 줄이거나, 먹지 않는 것을 원하는 경우가 많습니다. 자녀가 먹고 안 먹는 것에 대해 실랑이를 하는 대신에 원하는 것을 생각할 수 있도록 질문을 해야 해요. 이 질문은 아이가 식사를 빨리 끝내고 싶은 마음과 식사시간 후에 원하는 것을 빨리하고 싶은 마음을 자극합니다. 자녀는 원하는 것을 명료하게 인식하면 식사시간에 대한 투정이 아닌, 식사를 마치고 무엇을 할지를 결정하며 긍정적인 방향을 알게 됩니다.

How

"어떻게 하면 식사를 제시간 안에 끝낼 수 있을까?"

느리게 먹는 자녀에게 질문을 던지고 방법을 생각해보라고 하는 것은 자녀 스스로 생각하고 선택한다는 의의가 있습니다. 즉, 마냥 밥상 앞에서 넋 놓고 있는 자녀에게 스스로 인식하도록 의식을 깨우죠. 이때 자녀가 대화 목적에 집중할 수 있도록 한 가지 주제를 명시해 주어야 합니다. 예를 들어, "**밥 먹는 시간을 줄이려면** 어떻게 하는 게 좋을까?"라고 질문하여 자녀가 주제에서 벗어나지 않도록 합니다. 자녀가 자기가 내놓은 대안을 선택한다면 그것을 수용해주고 자발적인 식사가 이루어지도록 하는 것이 좋습니다.

선택 후 결과 지도하기

밥을 느리게 먹는 자녀가 어떤 대안을 선택했다고 해서 항상 약속대로 잘하는 것은 아닙니다. 아이가 말한 것을 스스로 지키지 못했을 때, 부모가 "네가 이렇게 하면 잘 먹는다고 했잖아."라고 비난해서는 안 되죠. 이때는 "네가 밥 먹는 걸 싫어한다는 것을 알고 있어."라고 아이의 상태와 마음을 알아준 뒤, 계속 늦게 먹게 되면 어떤 상황이 발생하고 부모가 어떻게 상황을 안내할 것인지를 알려줍니다. 예를 들면, 약속대로 시간 안에 밥을 다 못 먹었을 때, 시간이 되면 식사는 끝날 것이고 밥 먹는 시간 약속에 대해서는 자기 전에 다시 의논하자고 말합니다. 약속을 안 지켰으니 무엇을 할 수 없다고 벌을 주지는 않아요. 만약 부모가 사전에 약속되지 않았던 갑작스러운 벌을 제시한다면, 학령기 자녀는 부모가 마음대로 통제하는 태도에 대한 강한 반항심이 가질 것입니다. 또한, 자신이 약속을 지키지 못한 것에 대한 반성보다는 원망하는 마음과 불신의 마음이 커질 것입니다. 따라서 부모는 계속 늦게 먹을 때 무슨 일이 발생하는지 겁을 주거나 경고하는 것이 아니라, 상황 전개를 알려주어 스스로 현재 상황에 대한 자각과 판단을 할 수 있도록 격려해야 하죠. 마지막에 부모는 약속을 이행하는 것이 아이에게 더욱 유익하다는 것을 알려주고, 자녀가 부모의 말을 수용해주길 기대하는 마음을 갖고 있다는 것을 전달해야 합니다.

- "은정이가 밥을 늦게 먹어서 30분이 지나면, 그다음 양치와 학교 갈 준비를 빨리해도 출발하는 시간이 늦게 돼." (상황안내)
- "조금 속도를 내서 먹고 일어나는 게 네게 좋아." (기대)
- "양이 많으면 줄여달라고 하면 된다." (대안)
- "은정이가 늦게 먹어도 기다리지 않고 30분에 마칠 거다. 그리고 우리 약속은 저녁에 다시 의논하여 정하자." (약속을 지키지 않았을 때 부모의 결정 안내)

DO NOT POINT 비일관적으로 조율하지 않기

일관적 조율기준 정하기

상황에 따른 규칙 조율에도 기준은 필요합니다. 상황과 개인적 욕구에 따른 조율지점이 부모로서는 일관적이라고 생각하지만, 자녀는 모호하게 이해하는 경우가 많아요. 그래서 구체적이고 명료한 기준을 명시해야 합니다. 특히 시간제한, 양과 개수, 배려 횟수 등 구체적인 부분을 명시하지 않고 조율을 하게 되면, 자녀는 더 많은 것을 원할 때 결국 얻을 수 있는 것이 많아진다고 생각할 수 있죠. 부모가 조율해주는 폭이 비일관적으로 적용되면 기준에 따른 조율보다는 부모의 기분에 따라 허락해준다는 인상을 주게 됩니다. 따라서 부모가 같은 조율기준을 갖고, 적용하는 것이 중요합니다. 일관된 조율기준이 적용되지 않을 때, 자녀는 부모의 성격과 기분에 따라 타협해준다고 생각하며 부모의 눈치를 보면서 질서를 배웁니다.

조율기준은 매우 분명해야 합니다.

- 조율기준은 식사시간 당시에 정하는 것이 아니라, 하루 전날 조율하여 알리는 것이 좋습니다.
- 식사를 시작한 후에 조율하는 상황이 생겼다면, 식사가 끝난 뒤에 반드시 '앞으로 이렇게 조율하겠다.'라고 이야기하고 조율한 규칙에 대해 정리를 해주어야 합니다.
- 조율한 규칙이 생겼다면 배우자에게 미리 알리고, 일관되게 적용되도록 해야 합니다.
- 주말에는 (X) → 주말 점심에만 / 주말 아침과 점심에만
  - 단, 주말에 외부에 나가야 하는 행사가 있을 때는 제외
- 천천히 먹어 (X) → 주중에는 30분까지, 주말에는 50분까지 / 13시까지 식사를 마치기

조율된 규칙을 제시했음에도 규칙이 순조롭게 지켜지지 않았다면 식사시간이 더 길어지지 않도록 식사를 멈추고, 함께 정한 규칙이 효과적이지

않으니 규칙을 다시 정하자고 해야 합니다. 그 날 저녁에 아이와 개별적인 시간을 갖고 대화하며 다시 기회를 줄지, 다시 규칙을 정할지는 의논하는 것이 필요합니다.

FAMILY POINT 함께 준비하는 식사시간

함께 준비하며 식사를 위한 준비운동

식사 동기와 참여 수준이 낮은 자녀에게는 식사를 함께 준비하면서 자연스럽게 식사를 위한 준비운동 시간을 갖는 것이 도움이 됩니다. 식사를 준비하는 봉사와 일거리를 시킨다는 느낌 대신, 식사를 준비하면서 식재료 및 맛있는 음식을 통한 오감을 깨우며 집밥이라는 가족적인 분위기를 느끼게 하는 준비운동이어야 합니다. 워밍업을 처음 해볼 때는 아이가 좋아하는 음식을 준비하는 과정에서 출발하는 것이 좋아요. 자신이 좋아해서 만들어달라고 한 음식을 부모가 만드는 걸 보면서 아이는 자신을 위해 음식을 준비해주는 부모의 애정과 노고를 알게 됩니다. 음식 만드는 부모의 모습을 지켜보는 것만으로 식탁에서 불평하는 것이 얼마나 미숙한 행동인지 양심이 자극되기 때문이죠.

또한, 자녀와 함께 식사를 준비하면서 부모는 자녀에게 귀찮은 소소한 일을 시키기보다 아이가 흥미를 보이는 요리과정에 참여하게 해주는 것이 좋습니다. 아이가 호기심과 긍정적 동기를 가지고 식사준비에 참여했다가 이것저것 양념만 갖다 주는 심부름꾼이 되어버리면, 음식을 만들어달라는 것 자체가 아이에게는 오히려 귀찮은 일이 생긴 셈이기 때문입니다.

"은정아, 오늘 어떤 것 먹고 싶니?"

"은정아, 엄마가 요리할 때, 도와줄래?"

"은정아, 네가 좋아하는 파스타 같이 만들어볼래?"

배려받은 만큼 배려 돌려주기

다자녀 가족의 경우, 식사 속도가 느려서 좀 더 천천히 먹도록 배려를 받는 자녀가 생기면 다른 아이들도 늦게 먹으려는 마음이 생길 수 있습니다. 식사시간에 형제가 배려 혹은 특혜를 받는 것처럼 느끼기 때문이죠. 자녀를 양육할 때, 공평성은 중요하지만 모든 자녀의 요구를 부모가 동시에 들어줄 수는 없는 노릇입니다. 따라서 부모의 존중과 배려가 선순환하기 위해서는, 아이가 부모에게 받은 배려를 형제에게 연결하도록 흐름을 만드는 게 좋아요. 예를 들어, 식사시간을 넉넉하게 배려받은 자녀는 식사 후 설거지를 하거나, 다음 식사준비를 돕는 역할을 하는 것입니다. 이것은 늦게 먹은 것에 대한 벌이 아닌, 부모의 배려를 받은 만큼 부모의 일을 돕고 형제의 수고를 덜어주는 것이죠. 따라서 자녀에게 이것을 말할 때는 지시보다는 안내가 적절합니다.

"은정이가 먹을 동안 아빠는 과일을 준비할게. 다 먹고 설거지는 은정이가 하자."

"은정이가 천천히 먹을 동안 가족들이 기다려주는 만큼, 뒷정리는 은정이가 하라는 거야."

 활동성이 높은 자녀의 경우

활동성이 높은 자녀는...

- 가만히 앉아있는 것 자체가 힘들어요.
- 뭔가를 계속하거나, 말을 끊임없이 해요.
- 식사에 집중하기 어려워해요.

DO POINT	DO NOT POINT	FAMILY POINT
주제 대화와 간편한 식사	다른 것 하면서 밥 먹기 제한	뷔페식 스페셜 식사 타임

DO POINT 주제 대화와 간편한 식사

활동성이 높은 자녀는 몸을 움직이고, 말을 하고, 행동하여 무엇인가를 하는 상태를 유지하길 원합니다. 활동성이라는 행동이 에너지원이기 때문에, 활동을 멈출 때 아이는 되려 답답하고 힘들다고 느낍니다. 그래서 활동성이 높은 자녀는 밥을 먹을 때 부모가 "조용히 좀 해라.", "몸 좀 가만히 있어."라고 해도 조용히 하면 몸을 움직이고, 몸을 멈추면 말을 할 것입니다. 자녀 관점에서 밥을 먹는다는 것은 활동이지만, 배가 고프거나 먹고 싶은 음식이 있지 않은 이상 마음에 동기가 생기는 활동은 아닐 수 있어요. 그러다 보니 활동성이 높은 자녀가 식탁에 30~40분을 앉아있는 것은 여간 힘든 일이라고 할 수 있습니다. 아이 편에서 식사시간에 움직이는 것을 생각해보면, 아이는 움직이지 않거나 차분히 젓가락질에 집중하려고 할 때 활동성을 멈추기 위한 에너지를 소진합니다. 부모는 얌전히 먹는 것이 편할 것 같지만, 활동성이 높은 자녀로서는 에너지를 소비하고 있는 것이지요. 아이는 다시 에너지를 얻기 위해 움직입니다. 따라서 활동성이 높은 자녀를 너무 긴 시간, 말과 행동 모두를 하지 못하게 억압하면, 오히려 갑작스러운 충동적인 행동이 강해질 수 있습니다.

주제 대화하기

활동성이 높은 자녀는 움직임이 전혀 없이 식사하는 것이 어렵습니다. 그래서 적당한 활동이 있어야 하죠. 적절한 대화를 통해 활동성을 발현하게 해주는 것이 좋습니다. 다만 대화할 때 주제를 정해 놓지 않으면, 산만

하고 맥락이 없는 말들이 오고 가며 오히려 어수선해질 수 있어요. 따라서 자녀가 좋아하는 주제 단어를 하나 놓고 대화하는 것이 좋습니다.

- 주제 대화를 하며 식사하는 것은 저녁 식사시간에 하기
- 주제는 자녀가 선호하는 주제로 시작하고, 대화를 나누는 식사시간이 익숙해진 뒤에는 자녀와 부모의 주제 번갈아서 대화하여 서로 존중과 경청 연습하기
- 두 마디 말하고, 두 숟가락 먹기 등의 세부적인 기준을 정해 놓고 대화하기

주중은 쉽고 빠른 간편한 식사로 준비하기

활동성이 높은 자녀는 식사시간을 오래 두고 먹는 것이 어려우므로 간편한 덮밥, 주먹밥 등 간단한 식사를 준비하는 것이 효과적입니다. 자녀의 나이와 활동량을 조절하는 수준에 따라 단계적으로 덮밥에서 국과 반찬을 추가하며 차차 식사의 질을 올리고 식사시간을 늘리는 것이 좋습니다.

DO NOT POINT 다른 것 하면서 밥 먹기 제한

다른 것 하면서 밥 먹기에 대한 부모-자녀의 기준 세우기

활동성이 높은 자녀들은 다른 것을 하며 밥을 먹겠다는 아이들이 있습니다. 가만히 있는 것이 힘들고, 하기 싫은 밥을 먹는 것이 싫어서 자신이 하고 싶은 것이라도 하고 싶어 하는 아이들의 마음이죠. 그래서 책을 읽겠다, 핸드폰을 보겠다, 장난감을 가지고 놀면서 먹겠다고 합니다. 이때 부모와 자녀는 기준을 세워야 합니다. 자녀가 활동하겠다는 것을 수용할 때 부모의 기준은, 자녀가 활동하면서도 식사에 집중하고 시간 내 식사를 마칠 수 있는가 하는 점입니다. 그리고 활동을 하면서 먹는 태도가 가정에서는 수용되나, 학교와 중요한 가족 식사 및 외식상황에서는 가능하지 않다는 상황에 따른 규칙을 인지할 수 있는지에 따라 기준이 달라집니다. 단, 자녀가 집중성이 낮은 아동이라면 식사 시 어떤 다른 것도 수용하지 않는 것이 중요합니다. 집중성은 하기 싫고 흥미가 없지만, 주의를 기울일 수 있는 능력입니다. 집중성이 낮은 자녀에게는 식사시간이 일상에서 주의력을 연습할 수 있는 시간이랍니다. 밥 먹을 때 다른 것을 수용한다면 주의력을 연습할 시간이 없어져 아이에게 독이 될 수 있어요.

- 식사하면서 할 수 있는 활동과 할 수 없는 것에 대한 기준 정하기
  - 할 수 있는 것 : 책보기, 작은 레고 장난감 1개, 간단한 퀴즈 내기, 끝말잇기 등
  - 할 수 없는 것 : 핸드폰, 자녀의 손안에 들어가지 않는 큰 장난감 등
- 식사하면서 다른 것을 할 때, 식사규칙에 대한 자녀의 능력 확인하기

- 다른 것을 하면서도 약속한 식사 시간(30분) 안에 식사를 마칠 수 있다.
- 다른 것을 하면서도 식사를 흘리지 않고 먹을 수 있다.
- 다른 것을 하면서도 식사 중 가족의 대화에 참여할 수 있다.
- 다른 것을 하면서도 식사 중 반찬을 골고루 먹을 수 있다.
- 다른 것을 하면서 위의 4가지 규칙을 지킬 수 없다는 자녀에게는 다른 것을 하면서 식사를 할 만한 조절능력이 없으므로 선택권을 줄 수 없습니다.

뷔페식 스페셜 식사 타임

골라 먹는 재미로 다양한 자극을 충족하는 즐거운 식사시간 갖기

활동성이 높은 기질 경향성은 다양한 행동을 추구하는 아이들입니다. 그래서 늘 똑같은 식사시간, 비슷한 식사에 대해 지겨움을 쉽게 느끼죠. 매일 자녀에게 새로운 음식을 제공해 줄 수는 없지만, 한 달에 한두 번 정도 골라 먹는 재미가 있는 식사시간을 가지는 것은 우리 집만의 즐거운 식사 문화일 수 있습니다.

밥과 국보다는 가족들이 좋아하는 종류의 여러 음식을 뷔페처럼 큰 접시에 두고, 각자 먹고 싶은 만큼 덜어 먹으면서 즐거운 대화를 나누는 스페셜 식사 타임을 갖는 거죠. 이러한 소소한 가족 식사의 재미는 식사에 대해 즐거움을 기억하게 합니다.

이때 식사를 준비하는 과정은 함께 준비하는 것이 좋으며, 학령기 아동의 경우 자신이 할 수 있는 간단한 식사를 스스로 요리하게 해보는 것이 좋아요. 요리에 참여한 아이는 가족의 식사 문화에 더 기쁘게 동참하며 추억하게 되겠죠?

2. 식사 시간에 오라고 해도 오지 않는 자녀

"밥을 먹을 때마다 여러 번 불러야 겨우 와요."
"밥을 먹으러 오라는 말이 들리지 않는 것 같아요."
"여러 번 말해도 하던 것만 계속하고, 제시간에 온 적이 거의 없어요."

- 집중성이 낮거나, 지속성이 높은 자녀는 무엇을 할 때, 주변 환경에 귀를 열고 있지 않아요.
- 집중성이 낮은 자녀는 지금 지시를 듣지 않았을 때, 어떤 일이 일어날지 그다음 무엇을 해야 하는지 생각하는 것이 어려워요.
- 집중성이 낮은 자녀는 부모의 말과 지시를 듣고도 금세 까먹을 수 있어요.

DO POINT

차분한 지시와
일과 패턴

DO NOT POINT

큰 소리로
다그치지 않기

FAMILY POINT

집중에 대해
고마움 전달하기

DO POINT 차분한 지시와 일과 패턴

집중성이 낮은 아이라면, 놀이하거나 자신이 무엇인가를 하면서도 동시에 주변을 살피고 조망하는 능력이 낮을 수 있습니다. 사회적 주의력이 낮다고 할 수 있죠. 부모는 식사준비를 하는 것을 뻔히 보았고 알 텐데 왜 매번 불러야 할까 생각할 수 있지만, 집중성이 낮은 자녀라면 주변을 의미 있게 살피지 못해 대충 스치듯 보았을 수 있습니다. 특히 지속성 기질 경향이 높은 자녀는 무엇인가에 몰두해있을 때, 부모의 말이 진짜 들리지 않을 만큼 몰입하여 듣지 못하기도 합니다. 또는 부모의 지시를 들었더라도 자신이 하고 싶은 것을 지속하고 싶어서 멈추지 못한 채 흐름대로 가는 중일 수 있고요. 집중성이 낮은 자녀에게 부모는 여러 번 말했다고 하나, 아이는 한 번 들었다고 말할 수 있는 거죠. 부모가 소리를 치거나 여러 번 말했다고 핀잔을 주면, 되려 왜 갑자기 화를 내느냐고 적반하장으로 화를 낼 수도 있습니다. 그러므로 집중성이 낮은 자녀일수록 지시는 차분하게 가까이 다가가서 직접 전달하는 것이 효과적입니다.

차분한 지시

차분한 지시를 하는 이유는 평범한 부모의 톤에 반응하는 것을 가르치고, 야단맞고 있다는 느낌을 주지 않기 위해서입니다. 부모는 자녀에게 여러 번 차분하게 지시하되 지시 횟수가 줄었다면, 아이가 노력하고 있음을 인식하고 칭찬하며 지지해주는 것이 중요해요. 그리고 아이의 변화와 노력이 부모의 기쁨이 되고, 수고가 덜어져서 마음이 편안해진다고 알려주는 것이 좋습니다.

- 지시하는 부모의 태도
  - 가까이 다가가기
  - 자녀가 하는 것에 대한 말 한마디(~를 하고 있구나.) 후, 지시하기
  - 담담하고 낮은 목소리 톤으로 말하기
- 지시하는 부모의 말
  - 권유형으로 말해야 할 때, 명령형으로 말할 때를 구별하기
  - 즉각 식사하러 와야 한다면, 명령형으로 말하기

    "은정아, 놀이 멈추고, 밥 먹으러 지금 와라."
  - 구체적인 시간, 시간을 나타내는 말 정확하게 사용하기
  - 10분까지, 5분 내로, 지금, 당장, 즉시, 즉각, 바로, 곧, 냉큼 등
  - 참여해도 되고, 참여하지 않아도 되는 식사 혹은 간식 시간이라면 질문형, 권유형으로 말하기

    "은정아, 10분 후에 같이 사과 먹을래?", "은정아, 10분 후에 같이 사과 먹자."
- 무시한다고 생각하지 말고, 꾸준히 반복하여 지도하기

집중성이 낮은 자녀를 양육할 때 부모는 아이가 나의 말을 무시한다고 느끼거나, 노력하지 않아서 집중을 못 한다고 생각하는 경향이 많습니다. 그러나 실제로 집중성이 낮은 경우, 관심이 적은 것에 대한 순간적인 집중과 기억을 오래 유지하는 것이 생각보다 어려워요. 그래서 부모의 인내심이 무엇보다 중요합니다. 부모는 먼저 자녀가 집중성 혹은 조절력이 약하다는 것을 인지하고, 부모의 말을 무시한다는 판단을 내려놓아야 합니다. 그리고 부모 스스로 지시하는 횟수가 줄어드는지, 아이가 반응하는 속도가 빨라지는지를 인식할 수 있도록 관찰하고 기억해야 해요. 자녀가 부모의 지시 횟수가 줄어든다는 것을 알게 되고 부모는 아이가 빨리 반응하고 있다는 것을 알게 될 때, 부모 역시 정신적으로 소진했다는 느낌이 줄고 자녀를 탓하지 않을 수 있기 때문입니다.

- 집중성이 식사 문제의 원인이라면, 반복적 훈련이 필요합니다.
- 집중성이 약한 자녀에게 지시에 반응하는 훈련은 '지시를 기억하는 것'입니다.
- 지속성이 높은 자녀에게 지시에 반응하는 훈련은 '하고 싶은 것을 멈추는 것'입니다.

하고 싶은 것이 있어, 듣고 오지 않는 자녀라면, 자율적 시간 의논하기

하고 싶은 것을 기어이 하려는 지속성 기질의 자녀라면, 방과 후에 하고 싶은 활동을 할 수 있는 시간을 주는 것은 매우 중요합니다. 이 시간을 통해 일상적 회복이 일어나기 때문이죠. 학습과 학교적응은 아이가 마땅히 해야 할 일이지만, 부모는 아이에게 소진된 뒤에 자율시간과 활동을 할 기회를 꼭 주어야 합니다. 이러한 자율적 시간의 균형이 없을 때 집중성이 낮은 아동은 지시를 따르는 것에 반응하지 않거나, 부모를 자신이 하고 싶은 것을 막거나 자율시간을 방해하는 부모로 인식하며 짜증을 냅니다. 그러므로 자녀에게 식사 및 일상의 지시를 하기 전에 아이가 자신이 누리고 즐길 수 있는 자율적인 시간을 정하도록 해주세요. 부모가 방과 후 가질 수 있는 자율시간에 대해 자녀와 함께 의논하고 아이 스스로 그 시간을 인식하고 계획할 수 있도록 도울 때, 자녀는 식사시간 및 일상시간 규칙에 좀 더 귀 기울일 거예요.

일과표 알려주기

집중성이 낮거나 지속성이 높은 자녀의 특징은 전체적인 계획을 생각하지 않는다는 점입니다. 그래서 때마다 다시 지시하거나 설명해줘야 하는 일이 생기므로, 자녀에게 등교 준비 전까지의 일과표 혹은 방과 후 일과표 등이 숙지 될 수 있도록 알려주어야 합니다. 일과표는 하루가 시작하기 전에 알려주는 것이 좋아요. 사전계획능력을 촉진하기 때문입니다.

오전이 어렵다면, 전날 다음 날의 일과표를 알려주고요. 일과표가 요일마다 일정하다면, 일요일에 알려주어 월요일부터 금요일까지의 일정을 숙지하도록 합니다. 일과표를 기억하게 할 때는 시간을 기억하게 하는 것보다는 순서를 기억하게 하는 것이 좋습니다. 집중성이 약한 아이와 지속성이 높은 아이라면 활동의 순서를 기억하여 다음 활동을 예측 할 수 있도록 하는 것이 중요하기 때문이죠.

- 전체 일과의 순서 기억하도록 하기
- 전체 일과 중 자녀가 집중하지 못하는 식사시간 앞뒤의 일과를 알려줍니다.
- 한 번에 3~4개의 순서를 기억하도록 하고, 기억유지가 잘 되면 좀 더 늘려나갑니다.

  오전 식사 전까지의 3~4개의 일과 순서만 기억하기 훈련을 하다가, 순서대로 일과 진행이 잘 되면, 방과 후 일정이나 주말일정에 대한 일과 기억하기로 늘려나갑니다.

- 초등학교 저학년이라면 시각적인 그림을 그려서 일과 순서를 기억하는 것이 더 쉽습니다.

일과 순서를 시각적 단서로 알려줄 때는 자신이 직접 이미지를 생각하여 간단하게 그려보게 하는 것이 좋습니다. 그리고 그린 것을 붙여놓고 생활해도 좋지만 집중성이 낮다면 붙여놓은 것을 보지 않기 때문에, 매일 아동과 일과를 시작하기 전에 간단한 브레인스토밍을 하는 것이 도움이 됩니다. 이때 자녀가 그림을 그린 후 기억을 잘해서 순서를 잘 지키는 것보다, 일과 순서를 기억하기 위해 그리기 활동을 꾸준히 하는 것 자체를 칭찬하는 것이 중요해요. 자녀에게 집중하는 노력 자체를 먼저 인정해 줄 때, 아이는 더욱 일과 순서를 기억하려고 노력할 것입니다.

큰 소리로 다그치지 않기

큰 소리로 다그치면, 결국 더 큰소리하게 되는 부정강화

집중성이 낮은 자녀는 자신이 하는 것을 멈추고 하기 싫은 것을 해야 할 때, 즉각 집중하는 것이 어렵습니다. 시각적 집중성이 낮다면 부모가 저녁을 준비하고 있는 것을 보아도 대충 보았을 것이고, 청각적 주의력이 낮다면 아이를 부르는 말과 지시를 못 듣는 적이 많았을 수 있죠. 그래서 부모는 집중성이 낮은 자녀에게 빨리 주의를 기울이게 하려고 곧바로 경고하거나 큰소리로 지시를 하는 경우가 있습니다. 이런 큰소리와 여러 번의 말은 자녀에게 부모의 목소리가 높아지거나 3번을 말할 때 움직이면 된다는 패턴을 강화합니다. 즉 아이는 자신이 움직여야 하는 마지막 신호를 부모가 소리를 높인 경고에 맞추는 거죠. 결국, 부모가 화를 내야 말을 듣는 상황이 되는 것입니다. 그래서 집중성이 낮은 자녀에게는 차분한 말투로 여러 번 지시하여 스스로 주의를 기울이게 하고, 부모가 반복하면서 지시하는 횟수를 줄여가도록 아이를 지도하는 것이 바람직합니다.

- 몇 번까지 부르고, 이후에 자연적 결과 훈육하기
  - 밥 먹으러 오라고 부르는 것은 3번만 하기
  - 3번을 불렀는데도 오지 않았을 때,
- 식사시간 중간에 왔다면, "늦게라도 와서 다행이다."라고 말해 주기
- 식사 끝나고 오면, "아쉽지만 식사는 끝났다."고 말하기

단, 식사를 못 먹게 한다거나, 다른 것을 못 하게 하는 벌을 주는 것은 적절하지 않아요. 식사시간에 대한 시간 약속을 어긴 것과 부모의 지시를 듣지 못한 것에 대한 불이익은 식사를 같이 못 하게 된 것과 식사를 챙겨주지 않는 것입니다. 그러나 학령기 아동인 자녀가 스스로 라면을 끓여 먹는다는 등, 식사를 직접 준비해서 먹으려 할 때 막지 않는 것은 적절하지 않아요. 초등 고학년의 자녀라면 식사를 직접 해결할 수 있는 능력이 있으므로, 자연적 결과가 아니라 오히려 편하게 마음대로 먹을 수 있는 유익이 생기기 때문입니다. 만약 식사시간이 지났을 때 식사가 없다는 자연적 결과를 가르치고자 한다면, 자녀와 함께 규칙을 정해야 해요. '부모가 지시를 했을 때 시간 내 오지 않으면 식사를 차려주지 않는 것은 네가 부모의 말에 집중하는 것을 훈련하려는 것'이라고 설명하고, "네가 식사시간 내 오지 않을 때는 간식이나 다른 식사 대용을 먹지 않는 것으로 규칙을 정하겠다."고 미리 말해야 합니다. 부모가 가르치려고 하는 목적을 설명하지 않은 채 논리적이지 않은 벌을 준다면, 자녀는 부모가 마음대로 자신을 휘두르거나 통제한다고 생각하겠죠. 또한, 아이에게는 반발심이 생길 수도 있습니다.

- 학령기 자녀라면 가족 식사시간 외 혼자만의 식사시간도 존중하기

학령기 자녀라면 가족이 다 같이 식사하는 주말 식사는 가족이 함께하는 의미 있는 시간으로 중요하게 가족 규칙을 적용하되, 때때로 혼자 식사를 하고 싶은 시간과 자율성도 존중해주는 것이 필요해요. 학령기 자녀라면 스스로 간단한 라면, 달걀부침, 간단한 냉동 볶음밥, 레토르트식품, 샐러드 등 만들어 먹을 수 있는 사회적 기술도 있어야 하며, 성숙하게 스스로 챙길 수 있는 독립성을 가져야 하는 나이입니다. 그러므로 때로는 자녀가 혼자만의 식사시간과 식사공간을 가지려고 할 때, 수용할 필요가 있습니다.

집중에 대해 고마움 전달하기

부모의 지시와 말에 집중해줄 때, 고마움 전달하기

학령기 자녀라면, 부모의 지시와 말에 항상 즉각적인 반응하지 않아도 큰일이 나지 않는다는 것을 압니다. 학령기 초기인 초등학생 1~2학년이라면 부모의 지시와 말을 들을 때 칭찬하고 애정을 표현하는 것이 도움이 될 수 있으나, 초등학교 고학년이라면 칭찬보다는 인격적인 존중이 담겨있는 감사 표시가 훨씬 행동교정에 도움이 됩니다. 학령기 자녀는 스스

로 부모의 규칙을 선택하고 결정하여 내재화(부모가 시켜서가 아닌, 스스로 자신의 삶에 필요하다고 생각하여 규칙을 받아들이는 과정)하는 나이로, 자신이 부모의 규칙이나 중요한 습관을 내 것으로 선택할지 말지 자신의 마음과 경험을 기준으로 결정하기 때문입니다. 즉, 부모와의 관계가 긍정적이고 좋을 때 아이는 부모의 습관과 규범을 수용할 거예요. 따라서 자녀가 부모의 밥을 먹으러 오라는 지시와 말에 "네."라고 대답을 하거나, 빨리 반응하여 식탁에 왔거나 웃으면서 기분 좋게 왔다면 "참 고맙다."라고 해주세요.

"은정이가 네~ 대답을 바로 해주니까, 고맙다."

"은정이가 엄마가 부르고 바로 오니까 너무 고맙다."

"은정이가 기분 좋게 밥 먹으러 오니까 나도 좋다. 고맙다."

부부끼리 집중하는 자세와 감사 표현으로 타인에 대한 집중하는 태도의 중요성 알리기

학령기 자녀에게 습관이나 질서를 가르치려면 자녀 스스로 그것을 가치 있게 여기는 것이 중요합니다. 더불어 집중성이 낮은 자녀를 지도하기 위해서는 반복과 자주 노출해주는 환경을 만들어 주는 것이 효과적이고요. 이를 위해 부모가 먼저 부부끼리 서로가 부르는 말에 즉각 반응하고 집중해줄 때, 감사와 고마움을 표현하는 생활 태도는 자녀에게 자연스럽게 체득되어 주의를 기울이고 반응하는 훈련이 될 것입니다.

- "여보, 잠깐 와줄래요?" → "네, 갈게요." → "고마워요."
- "여보, 식사해요." → "네, 지금 갈게요." → "바로 와줘서 고마워요."

3. 식사 시간에 온갖 요구를 하는 자녀

"밥을 먹을 때마다 별의별 걸 다 요구해요. 이걸 줘라, 저걸 줘라..."
"밥을 먹을 때마다 온갖 것이 다 불편하고 싫다고 하면서 불평이 많아요."
"밥을 먹을 때마다 기분과 요구를 맞춰주다가 결국 화가 폭발하고 싸우고 끝나요."

민감성이 높은 자녀의 경우

민감성이 높은 자녀는...

- 민감성이 높은 자녀는 밥 먹기 싫은 마음을 신체적 민감성으로 드러내요.

- 민감성이 높은 자녀라면, 어떤 민감성(신체, 환경, 정서)이 높은지 파악해야 해요.
- 민감성이 높은 자녀라면, 식사 전 불편한 자극과 감정이 식사 불평으로 이어져요.

DO POINT
민감성을 자극하는 방아쇠 찾기
DO NOT POINT
모든 요구에 반응하지 않기
FAMILY POINT
서로 좋은 식사시간 디자인하기

DO POINT

민감성을 자극하는 방아쇠 찾기

민감성이 높은 자녀라면, 식사시간뿐 아니라, 일상생활 여러 영역에서 예민하여 양육이 쉽지 않을 것입니다. 식사는 매일 반복되는 일과이기 때문에 식사시간에 자녀가 예민하다면 한두 번은 자녀의 요구에 맞추지만, 결국 정신적으로 지치거나 감정적인 태도나 훈육이 나타날 수밖에 없겠죠. 민감성을 가진 자녀라면, 어떤 자극에 대해 예민한지 분별하는 것이 중요합니다. 왜냐하면, 자녀의 수많은 요구를 들어주는 것은 옳지 않으며, 자녀 또한 수많은 요구를 부모가 들어준다고 해도 자신의 민감성이 해결되지 않기 때문입니다. 민감성을 가진 자녀가 별의별 요구를 다 하는 모습은 그것 외에는 적절한 해결과 요청방법을 몰라서일 수 있어요.

신체적 자극 민감성을 가진 자녀

- 시각 : 반찬 중 정체를 알 수 없는 반찬(나물, 두세 가지 섞인 볶음요리 등)을 꺼릴 수 있습니다.
  - 단순한 요리법으로 정갈하고 예쁘게 음식을 주세요.
- 후각 : 생선 굽는 냄새, 고기 냄새, 특유의 음식 냄새에 예민할 수 있습니다.
  - 자극적이지 않고, 강한 향신료가 적은 음식부터 맛있게 먹게 해주세요.
- 미각 : 간에 민감하여 음식의 맛깔난 간이 부족할 때 안 먹을 수 있습니다.
  - 갓 조리한 따뜻한 음식과 적절한 간을 한 음식으로 맛을 돋우어 주세요.
- 촉각 : 음식물 특유의 딱딱하거나, 물컹거리는 식감을 싫어할 수 있습니다.
  - 선호하는 식감으로 조리법을 해주되, 새로운 재료들을 조금 먹더라도 느껴보게 해 주세요.
- 청각 : 주변이 시끄럽거나 어수선하면 식사에 집중을 못 할 수 있습니다.
  - 조용하거나, 적절한 음악 등의 안정적인 분위기를 만들어 주세요.

환경적 자극 민감성을 가진 자녀

환경적으로 많은 사람이 있는 교실이나 음식가게 혹은 외부 환경에서 유독 식사를 잘 하지 못하는 자녀라면, 주변 자극에 쉽게 동요되어 산만해질 수 있거나 주변 자극으로 불편감을 느낄 수 있습니다. 그렇다면 식탁에 앉았을 때 어수선한 주변이 보이지 않도록 환경을 등지고 앉도록 하셔도 좋습니다.

정서적 자극 민감성을 가진 자녀

정서적으로 민감한 자녀라면, 식사 전 부모가 부르는 목소리가 건조하거나 퉁명스러웠을 때 그러한 정서 신호로 인해 이미 예민해질 수 있습니다. 또는 자신이 원하는 활동을 멈추거나 식사시간 전에 있던 일로 인한 감정이 정돈되지 않았다면, 그 감정선이 연결되어 계속 여러 가지가 불편하다고 트집을 잡는 것처럼 행동할 수 있고요. 정서적으로 예민한 자녀라면 아이가 자신의 정서적 상태를 정돈하고 먹도록 하거나, 감정을 정돈하는 데 시간이 걸린다면 식사를 미루었다가 나중에 하라고 하는 것이 더 적절합니다. 자녀가 자신의 감정적 상태를 정돈하지 못했을 때, 불편함을 타인을 힘들게 하거나 존중하지 않은 요구로 표현하는 것은 부적절한 태도이기 때문이죠. 이때 부모님은 아이를 식사에서 제외하거나 거절하는 태도가 아닌, 네가 감정을 정돈하고 맛있게 먹을 수 있을 때 먹으라고 아이에게 말하는 것이 중요합니다.

요구가 아닌 욕구로 표현하고, 부탁하도록 가르치기

자녀가 민감하여 요구가 많다면, 까다로운 트집 잡기식 요구가 아닌 실제 욕구 혹은 불편함의 핵심을 본인이 표현하도록 훈련해야 합니다. 아이들은 아직 미숙하여 식사 전 부모가 컴퓨터를 제한하거나, TV를 끄라고 한 지도에 대한 불편감을 괜한 반찬 투정으로 드러내기도 해요. 이렇게 실제 불편감을 다른 것에 전이해서 표현하는 습관은 자녀 스스로 자신의 감정의 원인을 찾지 못하게 하여 더욱 문제해결을 하지 못하는 수렁에 빠지게 합니다. 무엇이 불편하여 짜증이나 신경질 나는 감정이 올라오는지 몰라서 적절한 자기표현을 하지 못하게 되기 때문이에요. 따라서 부모의 역할은 자녀가 신경질적인 태도와 요구가 많을 때 자녀의 욕구와 불편감의 핵심을 꿰뚫어 보는 것입니다. 혹 그것을 부모가 모르겠다면 자녀에게 물어보고 적절한 부탁과 요청하는 방법을 지도해야 합니다.

- "은정아, 지금 숙제할 것을 다 하라고 한 게 못마땅해서, 괜히 밥을 먹을 때, 이것저것 안 먹겠다 예민해진 것 같다."
- "숙제에 대한 못마땅한 부분이 있다면, 얘기해도 좋지만, 그것 때문에 식탁에서 불평은 멈춰라."
- "은정이가 못마땅한 마음을 좀 가라앉히고 먹을래, 지금 불평을 멈추고 먹을래?"
- "은정이가 나중에 먹고 싶다면, 나중에 먹겠다고 할 수 있어."
- "은정이가 숙제에 대해 엄마와 타협할 게 있다면 너의 생각을 얘기해도 좋아"

민감성의 표현, 수용과 조절의 기준 정하기

민감성이 높은 자녀에게 중요한 것은 민감성을 표현하는 것에 대한 기준입니다. 감정을 어느 정도 강도로 표현해도 되는지, 어떤 행동을 얼마나 조절해야 하는지에 대한 기준을 의미하지요. 실제로 아이는 태도에 대한 문제에서는 그 기준이 모호해서 어떤 행동이 예의에서 벗어나는지 감별하기 어려워합니다. 이것은 사회적 민감성이자, 사회적 성숙도와 연결되는 발달영역입니다. 즉, 가족끼리 너무 경계가 없이 친구처럼 지내는 가정이나 지시와 명령이 없는 허용적인 가정에서 자란 아이는 민감성 조절이 어려울 수 있어요. 따라서 자녀의 민감성에 대한 기준을 정하기 전에 부모 스스로 자신의 말하는 태도 및 자녀를 향한 행동의 수위와 권위 있는 모습의 정도를 성찰하는 것이 필요합니다.

- 수용해줄 수 있는 민감성 표현
  - 밥 먹기 싫다고 입술을 삐죽 내미는 것은 이해한다.
  - 밥 먹기 싫다는 짜증을 작은 행동(팔다리를 흔들거나, 신경질을 내는 몸짓)으로 드러내는 것은 이해한다.
  - 밥 먹기 싫다고 중얼거리면서 불평하는 것은 이해한다.
  - 단, "아~ 먹기 싫은데." / "아, 불편해.", "정말~" 등의 말은 괜찮아.
- 수용해줄 수 없는 민감성 표현
  - 밥 먹기 싫다고 부모를 째려보는 것은 안된다.
  - 밥 먹기 싫다는 짜증과 신경질을, 물건을 던지거나 사람을 치는 행동으로 표현해선 안 된다.
  - 비난과 욕설은 안 된다.

- "아! 정말 사람 짜증 나게 하네." / "맛이 왜 이래." 등의 비난은 안돼.

수용할 수 없는 행동을 했다면, 즉각 단호하게 경고한다.

수용할 수 없는 행동을 했을 때의 결과에 대해서는 부모와 자녀 간 미리 합의되어 있어야 합니다. 부모가 즉시 화를 내거나 경고한다고 느끼기보다, 부모가 미리 안내한 대로 행동한다고 아이가 생각했을 때 권위가 전달되기 때문이죠. 수용할 수 없는 행동을 했을 때는 논리적 훈육으로 식사자리에서 일어나게 하고, 식사를 참여할 수 없게 합니다.

경고 후 잠들기 전 대화로 실수에 대한 기회를 주어야 한다.

식사를 모두 마치고 자녀가 진정되었다면, 자기 전에 식사시간에 무엇 때문에 민감해졌는지 묻고 대화를 나눠보는 것이 필요해요. 왜냐하면, 자녀 역시 짜증이나 신경질적 태도에 의도가 있기보다는 자신의 예민성을 순간 조절하기 힘들었던 실수를 했기 때문이죠. 잘못보다는 실수를 인정하도록 편안하게 대화하는 부모님의 태도 속에서 올바른 방향으로 행동하기를 기대하면서 자신에게 기회를 주었다는 것을 느끼고 잠들었을 때, 아이는 내일 다시 충분히 착한 아이로서 살아갈 힘이 생깁니다.

모든 요구에 반응하지 않기

자녀의 요구를 유발하는 부모가 되지 않기

민감성이 높은 자녀는 정말 여러 요구를 할 수 있습니다. 자녀에게 필요한 요구인데 부모가 둔감한 경우라면, 부모는 자녀가 중요하다고 말하거나 매번 요구하는 것에 의미 있는 욕구가 있는지를 살펴야 해요. 만약 자녀가 식사할 때마다 엄마가 옆에 앉아있어달라고 한다면, 엄마를 통제하려고 하는 것이 아니라 함께 먹고 싶다는 관계의 욕구를 말하고 있을지도 모릅니다. 또는 자녀가 늘 계란을 빼달라고 하면, 계란은 싫다는 자녀의 의견을 무시하고 계란을 주는 부모의 일방적인 태도에 대한 화를 표현하는 것일 수도 있어요. 부모의 둔감한 태도 혹은 대충 넘어가는 태도로 인해 자녀의 요구가 점점 거칠어지고 있는 것은 아닌지 생각해보시길 권합니다.

요구에 반응하지 않기

자녀의 욕구와 요구 구분하고 반응하기

- 욕구 : 무엇을 얻거나 무슨 일을 하고자 바라는 일
- 요구 : 받아야 할 것을 필요해서 달라고 청하는 일

요구를 표현하는 자녀는 당연히 부모가 나에게 무엇을 해줘야 하며 받아야 한다는 전제로 이것을 해달라 저것을 해달라고 합니다. 부모가 자녀의 불필요한 요구나 기분 따라 말하는 모든 요구에 반응해주면 자녀는 당연히 부모가 나의 요구에 반응해야 한다고 느끼죠. 자녀에게 점차 식사에 대한 불평과 마음의 불편을 요구사항으로 말하는 습관이 생길 수도 있고요. 부모는 자녀 대신 자녀가 욕구를 표현하도록 돕는 것이 중요합니다. 욕구를 표현한다는 것은 물건이나 말이 아닌, 마음으로 얻고자 하는 것을 의미해요. 마음으로 원하는 관심, 사과, 공감 등의 마음의 필요일 수 있습니다.

"엄마가 좀 더 친절하게 말해줬으면 하는구나."

"엄마가 잔소리를 좀 덜 했으면 하는 거지? 자제하도록 할게."

"아빠가 소리를 질러서 기분이 상했지? 미안하다."

"아빠가 재촉해서 신경질이 난거지? 다음에는 좀 더 기다려줄게."

요구를 들어주지 않아 갈등과 다툼이 일어난다면, 우선순위를 정하고 행동하기

자녀와의 갈등이 생겼을 때는 무엇이 더 중요한지를 판단하는 것이 중요합니다. 현재 상황에서의 우선순위를 정하고 행동해야 하죠. 자녀가 도대체 왜 짜증이 나는지 인식하지 못한 상황에서 어떠한 요구를 한다면,

요구를 들어주지 않고 진짜 원하는 것을 말하라고 해도 잘 모를 것입니다. 그 상황에서는 요구를 들어주되, 식사를 마친 뒤 아이가 잠들기 전 여유가 있는 시간에 대화를 요청합니다. 부모에게 요구하는 태도와 요구가 부적절했지만 이유가 있을 것으로 생각하여 들어주었다고 말하며, 진짜 힘든 것이 무엇인지 어떤 상태였는지 물어보아야 해요. 이처럼 부모는 때때로 양육의 지식이 아닌 지혜를 가지고 유연하게 반응해야 할 때가 있습니다. 자녀에게 밥을 먹이는 것보다 중요한 것이 태도라면, 나중에 밥을 먹으라고 해도 좋아요. 단, 부모 마음대로 화가 나서 밥을 먹지 말라고 하거나 주지 않겠다는 협박을 하면 안 돼요. 나중에 먹자고 제안하는 것입니다.

FAMILY POINT 서로 좋은 식사시간 디자인하기

민감한 자녀를 위한 서로 기분 좋은 식사시간 디자인하기

민감한 자녀를 위한 서로 기분 좋은 식사시간을 디자인한다는 것은 자녀가 민감성을 긍정적으로 발휘할 기회를 주는 것입니다. 자녀의 까다로운 요구와 기민한 민감성을 긍정적인 예민성으로 발휘하여 식탁을 예쁘게 꾸밀 수도 있고, 식사 분위기를 근사하게 만들 수도 있으며 각양각색의 그릇에 음식을 담을 수도 있습니다. 즉, 민감성이 높은 자녀에게 식사시간을 자신에게 만족스러운 분위기로 만들 기회를 주면서 자신이 원하는 것을 더욱 분명하게 인식하고 행동하게 하는 거죠. 이를 통해 부모는 자녀가 무엇을 원하는지 관찰해볼 수 있고, 자녀가 늘 요구하던 것들이 생각보다 중요하지 않음을 알게 될 수도 있습니다. 이것은 항상 식사마다 할 수 없으며, 항상 자녀의 욕구를 과도하게 수용할 필요도 없습니다. 식사는 일상이기 때문이에요. 간혹 시도해보면서 자녀의 민감성을 서로 파악하는 시간이면 충분합니다.

"은정아, 근사한 식사시간을 만들 거야, 은정이에게는 어떤 게 중요해?"

"은정아, 서로가 가장 좋은 식사시간을 만들려고 해. 우리 서로 식사할 때 가장 기분 좋은 것을 하나씩 얘기하고 그것을 준비해서 저녁을 먹자."

서로 가장 좋은 식사시간과 메뉴 알고 있기

편식이 있는 자녀라면, 가족이 모두 행복하고 즐겁게 식사할 수 있는 편안함이 무엇보다 중요합니다. 식사에 대한 거부감이나 예민함을 줄이려면 식사에 대한 긍정적 기억과 감각이 필요하기 때문이죠. 서로가 가장 맛있게 먹으면서 서로가 좋을 수 있는 요일, 시간, 메뉴를 알고 있다면, 한 번씩 서로가 사랑과 관계를 회복할 수 있는 치유의 식탁을 만들 수 있을 것입니다.

4. 사춘기 포인트

DO POINT

주관적인 선호
존중하기

DO NOT POINT

어린아이 취급
하지 않기

FAMILY POINT

즐거운 식사 문화
만들기

DO POINT 주관적인 선호 존중하기

- 주말 아침/점심 식사는 자신이 원하는 시간 밥 먹기 (단, 스스로 차려 먹기)
- 스스로 요리해서 먹을 수 있도록 기본적인 주방 도구 사용방법 가르쳐주기
- 당연히 알고 있는 것은 잔소리하지 않기
- 부르기, 지시하기는 딱 두 번 말하고, 이후 결과는 자녀가 책임지도록 하기
- 다 같이 식사하기를 강요하지 않기

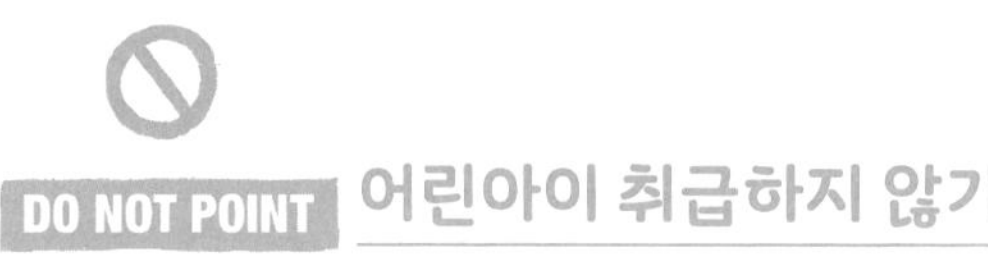

DO NOT POINT 어린아이 취급하지 않기

- 식사 시 불평하거나 지시를 따르지 않을 때, 당연하다고 다그치지 말고 이유를 묻기
- 떠 먹여주기, 반찬 올려주기 등의 행동으로 자녀를 어린아이 취급하지 않기
- 더 먹으라고 강요하지 않기
- 식사자리에서 공부 이야기하지 않기
- 식사자리에서 불편하거나 진지한 이야기 하지 않기

FAMILY POINT 즐거운 식사 문화 만들기

- 함께 식사하는 고정적 시간 정해 놓기
- 서로가 가장 좋아하는 favorite food 알고 있기
- 서로가 가장 싫어하는 hate food 알고 있기
- 가족만의 특별한 외식공간 찾기
- 각자가 가족들에게 해줄 수 있는 메뉴 하나 만들기

02

오전 기상

1. 오전에 일어나기 힘들어하는 자녀

"아침마다 일어나는 것을 힘들어해요."
"일어나라고 하면 이불에 그대로 앉아서 다시 눈을 감고 자요."
"일어나라고 말해도 도통 움직이지를 않고 멍하게 있다가 결국 늦어요."

활동성이 낮은 자녀의 경우

활동성이 낮은 자녀는...

- 잠에서 깨어나는 각성을 바로 높이는 것이 힘들어요.
- 일어나자마자 움직이기까지 워밍업 시간이 필요해요.
- 수면이 에너지를 충족하는 부분이라서 수면의 질의 영향을 많이 받아요.

DO POINT
수면의 질 높이고,
워밍업 하기
DO NOT POINT
촉박한 시간으로
압박하지 않기
FAMILY POINT
생기있는 오전 시간
조성하기

DO POINT
수면의 질 높이고, 워밍업 하기

활동성이 낮은 자녀는 선택적으로 에너지를 쓰기 때문에 에너지를 이완하기 위해서는 쉬어야 합니다. 활동성이 낮은 아이들은 자고, 먹고, 뒹굴뒹굴하는 쉼의 질이 중요해요. 따라서 수면의 질과 잠에서 깨고 난 다음 워밍업 시간에 공들여주는 부분이 필요합니다.

수면의 질 높이기

아이마다 적절한 수면의 양이 다릅니다. 수면량이 많이 필요한 자녀라면, 수면의 총량을 늘려주어야 합니다. 특히 활동성이 낮은 자녀라면, 전날 체육활동이나 행사 등의 이유로 에너지 소진이 많았을 때 그만큼의 에너지를 충전할 수 있는 수면의 양을 채워주고 수면의 질을 높이는 것이 예방적인 양육지도예요. 주중에 학교가 멀거나 부모의 출근으로 기상 시간이 이르다면, 아이에게 주말에 충분히 더 쉴 수 있는 시간을 주어야 합니다.

자녀에게 알맞은 수면 시간을 체크하기

수면을 통한 에너지 회복이 중요한 자녀라면, 자녀에게 적절한 수면 시간이 채워지도록 일찍 재웁니다. 부모의 권면을 수용하도록 돕기 위해, 오전 시간에 자녀의 컨디션 정도를 관찰하여 알려주는 것이 좋아요. 부모가 막연히 일찍 자라는 것이 아니라 아이 컨디션에 적절한 수면을 살피고, 수면 정도에 따라 아이의 행동이나 오전 기상 컨디션이 달라진다는 것을 알려줄 때, 아이는 수면 시간 제한을 수용할 수 있을 것입니다.

자기 전 각성을 낮춰주어 편안하게 수면이 시작되도록 돕기

자기 전 자녀의 각성이 높아져 흥분상태가 되거나, 자기 직전에 많은 활동을 한 뒤에 곧바로 자게 되는 경우 또는 속상한 마음이나 아쉬운 놀이 활동 등에 대해 감정 해결을 못 한 채 잠이 드는 경우 자녀의 각성이 진정되지 않으면서 깊은 수면을 방해합니다. 감각이 진정되지 못한 채 잠이 들면, 수면은 시작되었으나 몸의 각성이 남아 몸부림을 치면서 자기도 하고 정돈되지 못한 마음들이 잦은 꿈이나 잠꼬대로 올라오면서 수면을 방해하죠. 수면의 질이 낮아 오전에 일어나기를 힘들어하는 자녀라면 자기 전에 몸과 마음을 이완하는 약간의 시간이 필요합니다.

몸의 각성 높여주기

활동성이 낮은 자녀라면, 자녀가 자다가 막 일어났을 때 몸의 감각들이 바로 깨어나지 않습니다. 몸의 각성이 높아져야 눈을 뜨고 일어나고 움직일 텐데 여전히 몸의 감각 신호들이 깨어나지 않으니 움직이기 힘들죠. 각성이 빨리 올라오지 않는 자녀에게는 햇살이 잘 들어오는 방에서 자도록 하여, 천천히 햇빛에 의해 감각이 깨어나고, 오전에 창문을 열어 시원한 바람이 들어와 감각이 깨어나도록 돕는 것이 좋습니다. 부모가 자녀를 깨울 때 가볍게 자녀의 팔을 주물러주거나 등을 토닥이며 감각들이 일어나도록 도와주는 것 또한 효과적이고요. 막 일어난 자녀에게 너무 거칠거나 강한 접촉은 감각적으로 더 예민하게 만들고, 접촉에 대한 불편감을 전달할 수 있으므로 가볍고 기분 좋은 접촉을 통해 깨우는 것이 좋습니다.

조도, 온도로 감각 깨우기

- 햇살 드는 방에서 자도록 하여 햇살로 인해 새벽부터 감각이 깨어나도록 해주세요.
- 잠을 깨우며 창문을 열어 시원한 바람에 의해 혹은 찬물 한 잔 마시게 해서 감각이 깨어나도록 해주세요.
- 부드럽게 부르고(청각), 부드럽게 앉히거나 등을 두드려주며 감각(촉각)을 깨워주세요.

기대되는 다음 활동 연결해주기

생체 리듬이 낮거나 각성이 빨리 되지 않는 자녀의 경우, 감각을 깨우려고 하기보다는 더 눕고 더 쉬려고 하는 경향이 강합니다. 그래서 더 늘어지고, 잠시라도 더 자거나 쉬려고 하는 거죠. 자녀에게 지금 일어나서 이불을 개고 옷을 갈아입으면, 그 뒤에 쉴 수 있는 시간적 여유가 더 있을 거라고 알려줍니다. 이는 부정적인 피드백보다는 긍정적인 결과를 예측하면서 현재의 행동을 수정하도록 지지해주는 원리입니다. 부모의 권유와 말이 빨리하라는 재촉 대신 아이 자신의 쉬고 싶은 피곤한 마음을 알아주는 것처럼 들린다면, 아이는 일어나 얼른 준비하고 좀 더 여유롭게 등교를 하려고 하겠지요?

빨리 끝내고 다음으로 넘어가고 싶도록 유도하기

- 잠에서 깨어 일어날 때, 지시가 아닌 안내와 긍정 기대를 전달합니다.
  - "일어나서 30분까지 세수하고, 잠깐 거실 소파에 앉아서 쉬고 있어."

  *안내란, "~를 해라"라는 지시가 아닌 시간에 따른 활동을 알려주는 정보 제공이며, 자녀가 좋아하는 것을 하기를 부모도 원한다는 긍정 기대를 전달하는 것입니다.

- 아이의 행동에 대해 구체적으로 칭찬해주어서 자녀의 노력 행동을 강화합니다.
  - "은정이가 피곤한데도 눈을 뜨려고 애쓰는구나."
    (피곤해도 눈을 뜨고 일어나려는 행동에 대한 구체적 칭찬)
  - "은정아, 힘들어도 시간에 맞춰서 일어났네."
    (시간에 맞춘 것에 대한 구체적 칭찬)
  - "은정아, 일어나서 스스로 세수까지 잘했네."
    (일어나서 세수까지 한 행동에 대한 구체적 칭찬)

DO NOT POINT 촉박한 시간으로 압박하지 않기

촉박한 시간으로 압박하지 않기

자녀가 활동성이 낮다면, 기질적으로 각성을 빨리 높여 민첩하게 움직이고 행동하는 것이 어렵다는 것을 이해하는 것이 중요해요. 따라서 활동성이 낮은 자녀를 민첩하게 행동하는 것을 가르치겠다고 너무 촉박한 시간을 정해 놓고 다잡는 것은 적절하지 않습니다. 잠깐은 불안해서 반응하고 행동할 수 있겠지만, 시간이 지날수록 더욱 짜증이나 예민한 정서가 고조될 수 있죠. 촉박한 시간으로 아이를 압박하기보다는 자녀가 오전에 일어나는 데까지 필요한 시간과 준비를 하는데 필요한 시간 등을 알아보는 것이 좋습니다. 학령기 자녀를 양육하는 부모에게 가장 중요한 것은 서로의 규칙을 같이 만들어나가는 과정이랍니다.

"은정아, 네가 기분 좋게 오전에 잠을 깨고 일어나는데 몇 분 정도가 가장 적당한지 살피면서 일어나보자."

"몇 분 정도 필요할 것 같니?"

"네가 시간을 정하고, 그 시간 동안 워밍업을 해보자."

깜짝 놀라게 하는 자극, 협박을 사용하지 않기

자녀가 늦게 일어나서 학교라도 지각할 것 같을 때 부모도 마음이 초조해지면, 자녀에게 "너 이렇게 하면 학교 못 간다, 너 정말 빨리 안 일어나!"라고 갑작스러운 화를 낼 수 있습니다. 아이가 학교에 지각하지 않았으면 하는 부모의 마음이자 자녀를 돕기 위한 마음 때문이죠. 때때로 정말 긴급한 상황에서는 그럴 수 있다지만 그렇지 않은 상황에서 이러한 협박이나 놀랄 정도의 소리를 지르면, 자녀는 이후 이러한 부모의 위협이나 갑작스러운 자극에 둔감해질 수 있습니다. 부모가 아무리 재촉하고 큰

일 났다고 해도 큰일 나지 않는다는 것을 아이가 알게 되거나, 점차 마지막 지점에 가서야 일어나는 행동이 습관화되기도 하고요. 혹 부모가 자녀의 늦게 일어나는 것으로 인한 자연적 결과훈육으로 학교에 지각하거나 불이익이 있다는 것을 알려주고 싶다면, 학교 선생님과 자녀에 대한 훈육을 공유하세요. 아이가 학교에 지각하게 되었을 때 지각에 대해 학교 선생님께서 아이에게 충분히 중요성을 설명하여 강조해달라고 부탁하고, 지각에 대한 적당한 벌(복도 청소, 늦은 시간만큼 수업내용 적고 가기 등)을 함께 의논하여 아이가 행동에 대한 책임을 지도록 하는 것이 좋습니다. 선생님과 부모는 벌줄 때 매우 엄격한 태도로 아이를 대하기보다, 규칙과 벌은 원칙대로 시행하되 감정적이거나 처벌적이라 느껴지지 않게 아이를 담담하게 대하는 것이 필요합니다.

생기있는 오전 시간 조성하기

생기있고 여유 있는 오전 시간 조성하기

자녀가 활동성이 낮아서 아침에 일어나기 힘들어한다면, 자녀 옆에 대기하거나 계속 자극을 주기보다는 가정환경과 분위기를 역동적이고 생기 있는 분위기를 만드는 것이 좋습니다. 긍정적인 공기 중의 흐름과 느낌이 자녀에게 전달되는 것이 잔소리보다 훨씬 좋게 자극을 일으키기 때문이에요. 결국, 부모가 좀 더 부지런히 일어나고 움직이면서 즐거운 오전 분위기를 만드는 것입니다. 부모가 서둘러 기상하여 재촉하면서 자녀의 기상을 돕거나 어수선하게 서로 동선이 겹치는 분위기보다는, 부모가 먼저 모든 준비를 마치고 자녀를 여유 있는 태도로 기다려주는 분위기를 만들어 주세요.

- 오전에 자녀를 위한 여러 가지 준비를 완벽하게 해주려고 하지 않아도 괜찮습니다.
  - 부모가 자신의 준비를 모두 마친 뒤, 자녀의 준비를 넉넉한 시간을 갖고 볼 수 있는 것만으로도 여유 있게 반응할 수 있게 됩니다. 그리고 재촉보다 여유 있는 기분 좋은 말로 깨워줄 수 있습니다.
- 오전에 각성을 깨울 수 있는 좋은 향(향초, 아로마 오일 등)으로 자극해주는 것도 좋습니다.
- 오전에 기분 좋은 경쾌한 음악으로 생기있는 분위기를 만드는 것도 좋습니다.

모두가 부지런한 오전 분위기 만들기

자녀가 오전에 일어나기 힘들어한다면, 자녀 한 명에게 초점을 맞추기보다 전체적인 분위기를 부지런한 분위기로 만드는 것이 좋아요. 자녀의 행동을 즉각적으로 교정하려고 하기보다는, 부모의 모습과 분위기가 자녀에게 체득되어 좋은 가치관이 심기는 것으로 충분한 교육이 됩니다.

2. 스스로 해야 하는 일상 준비가 어려운 자녀

“아침마다 얘기해도 스스로 등교 준비가 안 돼요.”
“해야 할 일을 하나씩 까먹거나, 유인물을 챙기지 못해요.”
“다른 걸 하고 놀다가 학원시간을 놓치거나, 숙제를 까먹거나, 물건을 잃어버려요.”

규칙성, 집중성 낮은 / 활동성 높은 자녀의 경우

- 규칙성이 낮은 자녀라면, 매일 정해진 일과 행동을 유지하는 게 귀찮아요.
- 집중성이 낮거나 활동성이 높으면, 중요하지 않은 소소한 것들은 기억하지 않고 잘 잊거나 다른 활동을 하고 싶어 세밀한 것을 놓치기도 해요.
- 규칙성과 집중성이 둘 다 낮다면, 의도하거나 노력하지 않는 것이 아니라 실제로 시간을 지키거나 기억을 유지하는 것이 잘 되지 않아요.

DO POINT	DO NOT POINT	FAMILY POINT
효율적인 동선, 효과적인 지시	대신 챙겨주지 않기	변화에 대한 피드백해주기

DO POINT 효율적인 동선, 효과적인 지시

규칙성이 낮은 자녀라면, 매일 반복되는 일과에서 해야 할 일이 같지만 일과 행동을 유지하는 것이 어렵고 귀찮을 수 있습니다. 규칙성은 생리적인 자고 먹는 등의 시간이 일관적이거나, 사회적 규칙을 잘 지키는 경향성이에요. 규칙성이 낮으면 늘 정해진 시간 일어나서 이불을 개고 옷을 입는 등의 일과 행동을 유지하려고 하기보다는, 귀찮아하며 넘기거나 시간이 막다를 때 서둘러 대충하려는 모습을 보일 수 있습니다. 그래서 규칙성이 낮은 자녀를 지도할 때는 너무 세세한 것들을 챙기라고 하거나 오전부터 일어나서 챙겨야 할 것을 꼼꼼히 지도하기보다는, 효율적인 환경과 동선을 만들어 주는 것이 도움이 돼요. 단, 해야 할 것에 대한 단순한 반복적 패턴이 익숙해지도록 지도하는 것은 필요하지요.

효율적인 동선 만들기

활동성이 낮거나 생체 리듬이 낮은 아동은 오전부터 빨리 움직이기 어렵습니다. 규칙성이 낮은 자녀라면 아침부터 해야 할 일이 많을 때 귀찮아하죠. 그러므로 자녀가 오전 기상 이후 이부자리 정리 및 옷 갈아입기 등의 일과를 한 자리에서 바로 쉽게 할 수 있도록 지도해 주는 것이 좋습니다. 처음 지도할 때는 이부자리는 정리해서 장롱에 넣거나 이동하는 것보다는 그 자리에 접어서 놓게 하여 정리 동선을 줄여주거나, 갈아입을 옷을 잠자는 머리맡에 놓아주는 것이 효과적입니다.

▶ 최소한을 움직여서 쉽게 끝내는 동선 제시하기

- 이부자리 정리를 해야 하는 장소를 정합니다.
- 자녀가 저학년이라면 기상 후 부모가 아이에게 가까이 다가가서 이불과 정리해야 할 것을 손가락으로 가리키며 지시하여, 자녀가 보고 듣는 메시지로 지시를 들을 수 있도록 하는 것이 효과적입니다.
  - "이 이불, 여기 장롱에 넣어라."

직설적 지시와 칭찬을 한 세트로 전달하기

자극적인 것을 선호하고 가만히 있는 것이 어려운 활동성이 높은 자녀에게, 긴 지시와 진지한 지시는 크게 효과적이지 않습니다. 지시를 불편하게 느껴 진지하게 얘기하려고 다가가면 아이는 더 피하거나 더 과장하는 행동을 하기도 해요. 각성 수준이 높은 활동성이 높은 자녀에게는 직설적 지시와 즉각적인 칭찬을 한 세트로 전달하는 언어지도방법이 효과적입니다. 직설적 지시는 무섭고 엄격한 명령이 아니라, 말의 어미를 분명한 지시형(~해라.)으로 하여 아동이 지시와 설명을 구별하게 하는 것입니다.

자녀에게 "안 돼.", "그만!", "하지 마라.", "멈춰라!"라는 부정적인 명령이 아닌, 지금 바로 해야 할 일을 지시형으로 말해 주세요. 아이들은 부모의 말 속에 담긴 의도와 상황을 정확하게 파악하기 어려워서, 지시와 부탁을 구분하지 못하고 굼뜨기도 합니다. 그래서 효과적인 지시와 명확한 말의 어미로 상황파악을 할 수 있는 신호를 분명하게 주는 것이 중요하죠.

- "~ 해라."라는 직설적 지시로 전달합니다.

자녀가 산만한 행동을 보일 때, 하지 말라는 부정지시를 긍정지시로 바꾸어 말하는 것이 중요합니다. 부모의 부정지시가 계속되면 자녀는 오히려 부정적인 경고에 둔감해집니다. 그래서 절대 해서는 안 되는 행동에 대한 지시는 '안 돼.', '멈춰.' 등의 지시로 하되, 나머지는 긍정지시로 바꾸어 경고와 구분하는 것이 좋습니다.

- 다시 눕지 마라. → 일어나라.
- 이불 펄럭거리지 마라! → 이불 개라.
- 옷 들고 다니지 마라! → 옷 입어라.
- 뛰지 말아라! → 걸어라.

직설적 지시 뒤에는 1초의 망설임도 없는 긍정 칭찬이 뒤따라야 합니다.

특히 자녀가 산만하거나 집중성이 낮다면 긍정 행동을 학습하는 과정에서 칭찬조차 주의를 기울이지 않고, 방금 한 행동에도 주의를 기울여 반응하는 것이 어려울 수 있습니다. 자녀에게 지시한 뒤에 아이가 지시에 따른 행동을 시작하려고만 해도 바로 긍정 관심을 보여주세요. 지시에 즉각 반응하는 것 자체에 대해 강화를 하는 것이 행동 지도에 효과적입니다.

- "은정아, 이불 개라." → (은정이가 이불 쪽으로 간다) → "이불 개려고 하는구나. 고마워~"
- "은정아, 옷 입어라." → (은정이가 바지를 든다) → "바로 해줘서 고마워~"

역동적으로 움직일 기회를 주기

- 오전에 좋아하는 음악 틀기
- 오전에 창문 열어 환기하고 바람 쐬기
- 오전에 동생들 깨우기

즉각적으로 짧게 칭찬합니다.

활동성이 높은 자녀에게 부모가 천천히 길게 칭찬을 하면, 칭찬의 내용을 다 듣기도 전에 몸을 돌려 움직이고 이동합니다. 활동성이 높은 자녀에게는 긍정 관심으로 에너지를 채워주려면 즉각적이고 짧은 칭찬이 효과적입니다.

관심과 칭찬은 적절한 수준으로 전달합니다.

활동성이 높은 자녀에게 너무 지나친 부모의 긍정 반응은 오히려 각성을 높여, 아이가 흥분하거나 아이의 장난과 행동이 지나칠 수 있습니다. 반대로 부모의 반응이 너무 미적지근한 반응이라면 자녀의 높은 각성에 맞닿지 않아 정서적 메시지가 전달되지 않죠. 자녀의 각성을 음계라고 생각하면 자녀의 각성 음계에 맞춰 칭찬하는 톤과 정서적 에너지를 써서 수준을 맞추어야 합니다. 이러한 각성 수준을 맞추는 이유는 자녀의 각성을 조절하기 위해 부모가 먼저 자녀와 같은 각성으로 개입하여, 공동의 각성으로 다가가 자녀의 각성을 함께 조절하며 낮추기 위해서입니다. 이를 부모의 공동조절자 역할이라고 해요. 부모는 자녀의 정서와 표정, 흥분의 정도에 맞추어 짧은 칭찬을 한 뒤 그다음 다소 차분한 칭찬을 한 번 더 해서 각성을 같이 조절해줍니다.

참견하는 민감성을 좋은 오지랖으로 연결하기

외부자극에 예민한 자녀는 남들이 세 가지 보일 때 본인은 열 가지가 보이고 들리는 아이들입니다. 그래서 자신은 준비하지 않으면서 형제에게 참견하는 모습을 보이죠. 이를 못 하게 막기보다는 참견하는 것을 가족이나 형제 관계에 기여가 되는 좋은 오지랖으로 연결하는 것이 자녀에게도 양육자에게도 도움이 됩니다. 활동성이 높고 예민한 자녀를 얌전하고 둔감한 아이로 변화시킬 수는 없어요. 주변을 잘 챙길 수 있는 민감성이라는 좋은 강점을 잘 살려줘야 하는 것이 부모의 역할입니다.

그러므로 부모가 먼저 도움을 요청하거나, 도움이 필요한 동생을 도와달라고 부탁하는 것이 좋습니다. 자신이 할 일을 마치지 못하고 주변에 대한 참견이 먼저 나온다면, 부모가 자녀의 할 일을 빨리할 수 있도록 도와주고 이후 형제에게 도움을 줄 수 있도록 이끌어줘도 괜찮아요. 부모는 자기 일을 먼저 잘 정리하고 형제를 돕는 게 당연하다고 생각하나, 아이는 주변의 필요가 먼저 보인다면 주변을 먼저 챙기고 자기 일을 챙기는 것이 더 편안할 수 있거든요. 그런 편안함을 지향하는 기질이라면, 그 기질의 강점을 잘 살리면서 자신의 물건과 주변 정리를 하라고 도와주는 것이 좋습니다.

대신 챙겨주지 않기

학기 초, 학령기 자녀는 학교에서 챙겨야 할 물건, 가정에서 스스로 해야 할 것, 학원시간 등 챙기고 기억해야 할 것들이 많습니다. 모든 것이 새롭고 긴장되는 학기 초에는 자녀가 챙겨야 할 것들을 같이 챙기면서 순서, 시간, 해야 할 것 중 꼭 해야 할 것들을 도와주는 것이 필요합니다. 이때 도움을 주는 부모의 역할은 어떻게 무엇을 해야 하는지를 설명하며 보여주는 것이죠. 아이가 보고 배울 수 있도록 아이를 연습시키는 시간 동안에 부모는 서서히 자녀가 할 몫을 하나씩 늘려나가면서 준비물을 챙기거나, 주변 정리를 해야 할 부분을 자녀가 자신의 책임의 몫으로 가져가도록 지도합니다.

이때 부모가 주의해야 할 점은, 아이가 미덥지 않고 보기에 허술해서 자꾸 자녀가 나름대로 한 것에 손을 대 다시 해주지 말아야 한다는 점입니다. 그렇지 않으면 자녀는 매일 노력해도 자신이 완벽하게 할 수 없는 것을 확인하면서 스스로 무엇을 하는 것에 만족하지 못하죠. 열심히 했지만 돌아오는 건 추가로 또 해야 할 일이고, 결국 부모가 그것을 대신한다면 자녀는 대충하는 것이 낫겠다고 생각할 수 있고요. 부모는 자녀가 성장 중인 아이라는 것을 기억해야 합니다. 우리도 모두 미숙한 시절이 있었고, 시간과 반복이라는 것을 통해 숙달했다는 것을 기억해야 자녀를 채근하지 않을 수 있습니다.

자녀가 스스로 할 부분을 하나씩 늘려나가면서 책임감을 늘려주기

- 자녀가 챙겨야 할 것을 챙기지 못했다면, 자연스러운 결과를 경험하게 하는 것도 좋은 경험적 훈육

자녀가 학교 준비물이나 물병을 가져가지 못했거나 유인물을 놓쳤다면 그것을 챙겨주기보다는 전날 혹은 오전에 챙겼는지 확인하라고 안내합니다. 그리고 스스로 챙기지 않은 그것에 관한 결과를 경험하도록 지켜보세요. 이것이 도움이 됩니다. 자녀가 무엇인가를 챙기는 것이 실제로 자신에게 중요하거나 필요하다는 것을 경험으로 아는 것이 중요하기 때문이죠. 이렇게 해서 자녀는 자신이 생각하고 챙겨야 할 것을 개인의 책임 영역으로 인식하게 됩니다.

변화에 대한 피드백해주기

습관을 형성하게 하는 변화에 대한 피드백해주기

습관은 어떤 행위를 오랫동안 되풀이하는 과정에서 저절로 익혀진 행동 방식입니다. 아이들은 귀찮고 어려운 것을 오래 반복하는 것을 당연히

좋아하지 않죠. 그래서 부모의 지지와 적은 노력이라도 알아차려 주는 분위기는 아이들이 행동을 반복하는데 엄청난 지원환경이 되어 줍니다. 그 변화는 아주 작은 것이라도 좋습니다.

- 결과에 대한 칭찬보다는 이전이나 어제보다 조금 더 나아진 것을 구체적으로 알아주세요.
- 비교가 아닌, 더욱더 성장한 것에 초점을 두어요.
- 습관이나 행동을 유지하는 것이 얼마나 어려운지 알아주고, 그것을 유지하는 자녀에게 내적인 의지가 강하다고 인정해주세요.

칭찬으로 강화하여 긍정 행동 유지하기

긍정적인 행동을 유지하게 할 때는 지속적인 관심도 중요하나, 자녀가 뚜렷하게 노력하는 모습을 보였거나 대단한 노력을 보였을 때 확실하게 칭찬해주는 강화가 필요합니다. 강화는 꼭 선물이나 용돈을 주면서 노력한 만큼 보상을 주는 개념보다는, 자녀의 변화와 노력에 대한 부모의 기쁨을 표현하는 것입니다. 가장 좋은 강화는 부모의 기쁨이 담긴 웃음과 대견함을 전달하는 포옹이나 격려죠. 특히 아버지의 칭찬은 아이에게 사회적 인정을 받는 듯한 인정욕구를 충족해줍니다. 그러므로 어머니의 정서적 지지도 중요하나, 아버지의 확실한 칭찬이 정말 중요합니다.

3. 정리정돈을 안 하는 자녀

"아침마다 얘기해도 이불 정리가 안 돼요."
"옷장에 옷이 모두 섞여 있고, 바닥에도 입고 벗어놓은 옷가지들 투성이에요."
"가방과 책상이 항상 어수선하고, 주변 정리가 되지 않아요."

규칙성, 집중성 낮은 자녀는...

- 규칙성이 낮은 자녀라면, 정리정돈이 안 되어 있어도 크게 불편해하지 않아요.
- 집중성이 낮고 활동성이 높은 자녀라면, 주변 정리를 꼼꼼하게 하기 힘들어요.
- 규칙성과 집중성 둘 다 낮은 자녀라면, 정리정돈에 에너지를 쓰고 싶지 않아 해요.

DO POINT
간편한 정리정돈 방법 알려주기
DO NOT POINT
매일 감독하지 않기
FAMILY POINT
정리보다 중요한 가족존중

DO POINT **간편한 정리정돈 방법 알려주기**

정리정돈 방법 알려주기

자녀의 정리정돈 및 꼼꼼함은 꼭 학령기에 학습되지 않더라도 부모가 본인 모습과 환경을 계속 보여주고 익숙한 자극을 주면, 자녀는 정리정돈을 중요하게 생각하는 삶의 가치관으로 선택할 수 있습니다. 예를 들어 부모도 어릴 때는 정리 못 하는 기질이었으나 자신의 부모가 주변 정리와 계획을 잘하며 사는 모습을 보며 자란다고 합시다. 그들은 부모를 보며 정리와 계획이 사회적으로 살아가며 중요한 것이라는 것을 깨닫고, 계획성과 준비성을 갖춘 성격을 발달시키며 사회생활을 하겠지요. 주변이 깨끗하면 휴지를 툭 던져놓는 것에 눈치가 보이는 것처럼, 주변이 깨끗하게 정리되어있을 때 자녀는 자연스럽게 정리에 대한 자신의 행동을 신경 쓰게 되는 거죠. 하지만 부모를 통한 모델링을 지원할 때, 종종 자녀들은 물건을 정리하지 못하고 같은 분류의 물건들끼리 모아서 정돈하는 것을 어려워하기도 합니다. 단순히 귀찮아하는 것이 아니라, 정리정돈을 위한 문제해결 능력이 미숙할 수 있다는 것도 생각해볼 필요가 있어요.

정리를 하려면 무엇을 어디에 버리고 무엇을 챙길지 등의 선택과 결정을 하고, 어떤 순서대로 일을 처리할지 계획을 세워야 합니다. 또한 정돈하려면 비슷한 물건, 같이 있어야 하는 물건들을 묶어서 분류하는 복잡한 사고과정도 필요하고요. 그래서 물건 정리, 개인 물품 정돈을 해야 할 때 막연해하는 아이들이 있습니다. 이런 경우, 자녀에게 물건 정리를 손

쉽고 명확하게 할 수 있는 도구를 사주고 방법을 알려주는 것은 아주 좋은 방법입니다. 칸칸이 나누어져 있는 속옷 정리함, 공책과 문제집을 넣을 수 있는 파일 정리함, 라벨로 구분된 책상 서랍, 옷을 종류별로 나누어 넣을 수 있는 칸막이 등이 있을 때 아이는 시각적으로 정리정돈을 쉽게 인식할 수 있어요.

정리와 정돈 구분하기

정리와 정돈을 구분하여 가르쳐주는 것이 필요합니다.

정리 : 순서대로 무엇을 할지 정하여 움직이도록 지도합니다.

집중성이 낮은 자녀의 경우 정리를 할 때 무슨 일부터 할지, 그다음에는 무엇을 할지 순서대로 계획을 세워서 하기보다는, 잠깐의 이동과 자극에 머릿속 계획이 뒤죽박죽되는 때가 있습니다. 책상 위 지우개 가루를 정리하면서 쓰레기통에 버리러 갔다가 다시 책상으로 돌아오지 않고 거실에 앉아있거나, 책상으로 돌아오더라도 원래 하려고 했던 공책 정리를 하는 것이 아니라 갑자기 가방 정리를 하는 식이죠. 그래서 집중성이 낮은 자녀에게 정리를 지도할 때는 3~5가지 정도로 해야 할 순서를 정하고 그 순서를 기억하도록 하는 것이 좋습니다. 자녀가 정리할 때 어떤 것을 순서대로 정리할지 스스로 정한 후 간단하게 말하도록 하여, 아이 자신이 말하면서 기억이 분명하게 유지되도록 합니다.

정돈 : 많은 물건을 효율적으로 정돈하는 방법을 보여주며 가르칩니다.

정돈은 물건에 대한 사고의 조직화 능력이 필요합니다. 펼쳐져 있는 물건들을 보면서, 무엇을 어떻게 묶어 정돈해야 할지 구조화하는 능력이 필요해요. 물건 정돈의 효과적인 방법을 알려주어 정리하는 방법을 배우도록 합니다. 부모와 형제의 정리를 보고 배울 수 있는 모방능력이 있거나 관심이 있다면 아이는 금세 정돈을 배우겠지만, 주의를 기울이지 않으면 멍하니 보고만 있을 수 있어요. 모방하려는 의지가 없으면 개별적으로 지도가 필요하기도 합니다.

양을 줄이기

정리정돈을 빨리, 효율적으로 하기 어려운 자녀에게 개인 물품이 많다면 아이가 알아서 정리정돈을 잘하는 것이 어렵습니다. 옷이 너무 많다면 선택하는 과정에서 어질러지는 경우가 잦을 것이고, 작은 개인 소품들이 많다면 그것은 늘 책상에 너저분하게 나와 있을 테니까요. 자녀의 물건의 양을 줄이기 위해서는 자녀와 반드시 상의해야 합니다.

▶ 정리할 양을 줄이기

- 옷 정리가 어렵다면, 옷의 양을 줄입니다.

- 책상 정리가 안 된다면, 노트와 책상 위에 놓인 소품 등 문구류를 줄입니다.
- 개인 서랍 정리가 어렵다면, 개인 서랍 안에서 불필요한 물건을 골라내어 버리거나 구별하도록 의논합니다.

덜 귀찮은 효율적인 정돈 방법 알려주기

옷을 늘 쑤셔 넣는다면, 옷을 개켜서 넣는 것보다 옷걸이에 걸도록 합니다. 옷장 서랍이 잘 어질러진다면, 자주 입는 옷과 잘 꺼내입지 않는 옷의 위치를 아동과 함께 정합니다. 그리고 부모가 어떻게 정리해야 효율적으로 정리할 수 있는지를 가르쳐주며 보여주세요. 정리정돈이 귀찮은 자녀에게는 꼼꼼한 것이 지도의 포인트가 아니라 최대한 쉽게 정리할 수 있는, 덜 귀찮은 방법을 알려주고 지도하는 것이 중요합니다.

작은 소품들은 작은 바구니에 모두 넣도록 하여 아무 데나 놓지 말고 바구니 안에만 넣도록 지도하는 것이 좋습니다. 작은 사탕 봉지 및 소소한 쓰레기를 개인 사물함에 넣는다면, 개인 사물함 앞에 놓을 작은 휴지통을 주거나 개인 사물함 안에 들어갈 작은 휴지통을 주고요. 귀찮아하는 자녀에게 최대한 덜 움직이고 덜 어렵고, 덜 꼼꼼해도 정리할 수 있는 환경을 만들어 줄 때, 아이는 정리정돈이 마냥 귀찮다는 인식에서 벗어나 정리를 해보려는 자발성을 가집니다.

- 자신만의 정리방법 개발하기
- 자신만의 정리공간 만들도록 하기
- 자신만의 구별법 정하라고 하기

DO NOT POINT 매일 감독하지 않기

주변 정리가 되지 않았을 때, 매일 매일 감독하지 않기

학령기 자녀가 주변 정리가 되지 않았을 때 숙제와 유인물을 잊거나 잃어버린다면, 하나씩 단계적으로 지도하는 것이 필요합니다. 한 번에 여러 가지를 챙기라고 하기보다는 하나씩 기억하고 챙기는 것이 반복되도록 하는 거죠. 그런데 부모 생각에 몹시 어렵지 않은 일이라고 생각하고, 여러 가지를 한 번에 지도하며 그것을 순서대로 하는지 곁에서 감독하는 것은 때때로 숨 막히는 통제환경을 아이에게 주기도 해요. 그렇게 되면, 자녀는 부모의 감독이 있을 때는 행동하지만, 감독이 없을 때는 반대로 아무것도 하지 않고 엉망으로 지내려고 할 수 있습니다. 통제에 대한 불편감의 반작용입니다. 자녀가 실수를 적게 하는 것을 바라는 것은 모든 부모의 마음이죠. 그러나 모든 것을 완벽하게 가르치려고 하다가, 자녀에게 뭐 하나도 똑바로 하지 못하는 아이라는 꼬리표를 달아줄 수 있습니다.

중요한 우선순위를 정해, 하나씩 단계적으로 챙기도록 하기

자녀와 함께 의논하여 우선순위를 정하는 것이 좋습니다. 부모가 일방적으로 우선순위를 정하면 자녀가 결국 자신이 결정한 것이 아니라고 하면서 거부하거나, 스스로 필요성을 느끼지 못해 다시 집중하여 챙기는 것을 안 할 수 있기 때문입니다.

매일 매일 감독하는 대신에
일주일에 한 번씩 자기점검 하는 대화시간 갖기

고학년의 자녀가 씻기를 귀찮아하는 아이라면, 샤워하러 들어가서 세수를 하지 않고 나오기도 하고 머리를 대충 감기도 합니다. 모든 것을 다시 하라고 하면, 그 지시와 통제를 받아들이기 힘들어하죠. 자신의 유인물이나 중요한 것을 어디에 두었는지 기억하지 못했을 때도 마찬가지입니다. 고학년 시기는 스스로 자신의 일상을 통제하고, 나름대로 중요한 원칙과 괜찮은 지점을 스스로 생각하면서 판단하는 나이예요. 무엇을 안 한다고 큰일 나는 결과가 생기지 않는다면 괜찮다고 아이는 생각하기 때문에 부모를 너무 지나친 사람이라 여기기 쉽습니다.

- 매일 일상의 실수와 눈속임 등의 자녀 행동에는 가볍게 "~해라."라고 말하고 지나가는 것이 좋습니다.
- 숙제 혹은 방 정리, 옷 정리 등의 부모가 정리하거나 챙기기를 지도한 부분에 대해 일주일에 한 번은 자녀와 함께 정해 자기점검을 하고, 부모의 감독을 받는 날을 정하는 것이 좋습니다. 혹시 자녀가 일주일에 한 번 일상의 습관유지를 하는 것이 어렵거나 지나치게 자기 관리가 안 된다면, 자녀와 이 내용을 두고 의논하면서 자녀가 필요성을 인지하게 합니다. 그런 다음 부모가 어떻게 도와줄지, 부모가 얼마나 감독을 해주며 도와줄지 정하는 것이 좋아요.

정리보다 중요한 가족존중

정리보다 중요한 가족존중

자녀의 정리정돈은 개인의 습관이기도 하지만, 가족관계에서는 서로를 위한 존중이 되기도 합니다. 예를 들어 누군가 물을 마시고 컵을 그냥 정수기 앞에 놓으면 다른 사람이 물을 먹을 때 컵을 치워야 하거나 그 컵을 설거지해야 하는 등, 나의 뒤처리 되지 않은 부분 때문에 다른 사람이 수고해야 하기 때문입니다. 자신이 귤을 먹고 껍데기를 그냥 바닥에 놓으면, 다른 가족이 거실에 편하게 쉬기 위해 앉으려고 할 때 불쾌해지거나 수고가 생기는 식이죠. 즉, 정리정돈을 자녀에게 가르쳐줄 때 개인적인 정리 습관으로만 여기지 않게 다른 사람을 존중과 배려라는 측면을 설명하고 부모의 태도로 보여주는 것이 중요한 가정학습입니다.

컵을 치우면서 아버지가 "이것 봐라, 아빠는 정리를 잘하잖아."라고 하는 말과 "너도 물을 먹을 거니? 아빠 컵을 치워줄게."라고 말하는 것은 같은 것 같지만 가르쳐주는 가치가 다릅니다. 전자의 말은 정리정돈에 방점이 있지만, 후자는 가족에 대한 배려에 방점이 있습니다. 이처럼 가족 관계에서 서로 말 한마디에 배려에 대한 의미를 더한다면 좋은 경험적 훈육이 될 것입니다.

"엄마가 신발을 좀 넣어놓을게. 현관이 복잡해서 들어오기 불편했지?"
"아빠가 간식 먹은 것을 치울게. 네가 쉴 때가 없구나."

4. 사춘기 포인트

DO POINT

함께
우선순위 정하기

DO NOT POINT

모든 것을
감독하지 않기

FAMILY POINT

모델링과
의논 시간 갖기

DO POINT 함께 우선순위 정하기

- 자녀 스스로 필요성을 인식하도록 자녀가 우선순위를 정하도록 하기
- 부모의 우선순위와 달라도 자녀의 우선순위 존중하기
- 자녀가 일상을 챙긴다고 했지만 지키지 않더라도 약속한 기간까지 지켜보기
- 노력과 생각하는 것 자체를 지지해주기
- 실수보다, 한 것 칭찬하기

DO NOT POINT 모든 것을 감독하지 않기

- 학령기 자녀의 모든 것을 감독하여 통제하지 않기
- 인생의 습관과 가치관을 스스로 선택하도록 하기
- 쫓아다니면서 말하지 않기
- 모든 것을 지켜보고 있다는 압박 주지 않기
- 자녀와의 약속에 대해 상기시키는 압박이 아니라, 약속을 존중해달라고 하기

FAMILY POINT 모델링과 의논 시간 갖기

- 모델링을 통한 가치관 수용을 장기적으로 지도하기
- 완벽한 모델링이 아니라, 노력하는 모델링이면 충분
- 비난과 책망이 아닌 함께 방법을 찾는 의논 시간 갖기
- 서로의 약점과 습관 문제에 솔직해지기
- 자녀의 지적도 수용하여 자녀에게 지적에 대한 태도를 모델링 해주기

03

학습 시간

1. 공부시간에 계속 딴짓을 하는 자녀

"공부하자고만 하면 5분이 채 지나지 않아 딴짓해요."

"하기 싫은 과목을 하면 넋을 놓고 있거나, 괜히 나갈 일을 만들어서 나가요."

"옆에 붙어서 지도하지 않으면, 결국은 혼자서 학습량을 끝내지 못해요."

집중성이 낮은 / 활동성이 높은 자녀는...

- 집중성이 낮은 자녀는 하기 싫은 것에 집중력을 유지하는 것이 어려워요.
- 집중성이 낮은 자녀는 어렵다거나 할 것이 많다고 생각되면 성취동기가 낮아져요.
- 활동성이 높은 자녀는 빨리 성취가 되지 않는 것에 끈기를 발휘하기를 어려워해요.

DO POINT
적절한 양 & 수준과 강점 찾기
DO NOT POINT
노력하지 않는다는 판단 멈추기
FAMILY POINT
같이 학습하는 분위기 조성하기

DO POINT 적절한 양 & 수준과 강점 찾기

잘하는 과목 공부로 학습시간을 즐겁게 인식하기

자녀가 좋아하는 과목과 싫어하는 과목이 있는 것은 당연합니다. 학령기 자녀가 싫어하는 과목에 덜 집중하고 노력하기를 힘들어하는 것이 당연한 일이기도 하고요. 그러나 학습을 지도하는 시간마다 자녀가 스스로 하지 않거나 계속 학습을 지연하려고 하면, 부모가 학습을 지도하는 것이 매우 힘들겠지요? 자녀가 학습에 대한 부정적 인식하고 있어 공부시간이 되면 무기력해지거나 학습에 대한 의욕을 갖지 못한다면, 자녀가 좋아하는 과목, 자녀가 적은 노력을 해도 성취할 수 있는 쉬운 난이도를 공부하도록 하는 것이 효과적입니다. 우선, 자녀가 학습에 대한 의욕과 긍정적인 인식을 가지는 것이 중요하기 때문입니다.

또는 대부분은 과목에서 좋은 학습 능력을 보이나 서술형 문제 혹은 복잡하게 생각하여 풀이해야 하는 수학, 긴 글을 읽고 풀어야 하는 국어 같은 과목을 하기 싫어한다면, 문제 풀이 페이지 중에서 난이도가 쉬운 몇 개의 문제만 풀도록 하거나 난이도를 낮추어 과목 자체에 대한 부담을 줄여주면 학습 자신감을 높여주는 데 도움이 됩니다.

좋아하는 과목부터 공부하기

학습에 대한 부정적 인식을 가진 아동에게는 좋아하는 과목부터 공부하도록 지도합니다.

난이도 조정하기, 문제의 개수를 줄이기

어려운 것을 학습하거나 내용을 읽고 생각하는 것이 복잡해서 어려워하고 생각하기 싫어하는 자녀라면, 난이도를 조정하여 서술형 문제처럼 지문을 읽고 문제 푸는 것이 어렵지 않다는 경험을 쌓아주세요. 문제 개수의 양에 압도되는 자녀라면, 5문제 중 3문제만 골라서 풀게 하여 학습 자체에 대한 부담을 우선 줄여줍니다. 학습은 초등학교 때에 끝나는 게 아니라 앞으로 쭉 해야 하는 긴 과정이기 때문에, 학습에 대한 무기력감으로부터 자녀를 보호하고 학습은 결국 성취할 수 있는 것이라는 경험치가 쌓이게 하는 게 중요해요.

'그럼에도 불구하고', 긍정 행동을 찾아서 칭찬하기

공부는 자녀에게 하기 싫고, 힘들고, 늘 해도 어려운 일입니다. 그러나 공부가 즐거워지면 공부만큼이나 개인과 사회적 성취감을 얻을 수 있는 것도 많지 않습니다. 자녀가 공부시간에 딴짓도 하고 불필요한 행동을 하더라도, 부정적 행동보다는 긍정적 행동을 알아주어 공부시간에 받는 지적과 잔소리를 줄여주어야 해요. 정말 별것이 아니더라도 조용히 앉아 있는 것은 잘하고 있는 것이며, 화장실에 갔다 오더라도 금세 돌아왔다면 학습시간을 지키려고 노력하는 것이고, 형제와 떠들고 싶어도 참고 조용히 하는 순간이 있다면 애쓰고 있는 거니까요.

부모의 관점을 '그럼에도 불구하고' 긍정적으로 잘하고 있는 것에 초점을 맞춘다면, 자녀가 꽤 잘하고 있는 지점들이 보일 것입니다. 부모가 보기에는 자녀의 부족한 부분이 보이지만, 지적보다는 좋은 것을 찾는 것에 애쓰는 만큼 자녀 역시 하기 싫지만 한 문제라도 더 해보려는 의지를 가질 수 있습니다. 모든 자녀는 자신이 힘들고 어렵다는 것을 공감받을 때 좀 더 힘을 내보려는 호혜적인 반응을 하기 때문입니다.

적절한 수준의 학습량/학습수준/학습방법 파악하여 비계 설정하기

비계 설정이란, 자녀의 학습 수행에 있어 부모가 자녀의 현재 학습수준을 파악해서, 어느 정도 학습기대를 할 것인지, 어느 정도의 도움을 줄 것인지에 대한 기준을 정하는 것을 뜻합니다. 이를 위해서 먼저 현재 수준을 파악해야 하죠. 부모는 자녀의 현재 학습수준을 파악한 뒤, 그보다 조금 더 높은 학습 목표를 가지고 자녀를 이끌어주어 공부 능력을 향상하는 데 도움을 줄 수 있습니다. 이때 또래와 비교하기보다는 내 자녀의 기준과 속도를 찾는 것이 매우 중요해요. 부모의 불안은 결국 또래와의 비교와 내 자녀에 대한 걱정이 부정적 결과를 생각하게 만들기 때문이에요. 부모의 불안은 자녀의 학습성취에 전혀 도움이 되지 않으며, 자녀 또한 공부를 두려워하거나 피할 수 있게 한다는 것을 기억하고 내 자녀라는 주체적인 인생에 초점을 맞춰보시길 바랍니다.

자녀의 학습 능력에 적합한 공부량과 공부수준이 아니라면, 공부시간에 산만한 행동이 늘어납니다. 따라서 먼저 점검해 보아야 할 것은 자녀가 시간 내 공부할 수 있는 양과 수준이겠죠. 또 다른 경우 자녀가 자신의 학습수준을 직면하는 것이 어려워 공부에 관심이 없는 것처럼 방어하거나, 틀리는 것이 싫어서 쉬운 것만 하려는 아이도 있습니다. 이때는 자녀의 수준을 파악하되, 자녀가 좀 더 도전하고 쉽게 이해할 수 있거나 공부에 덜 부담스럽게 접근할 수 있는 학습 스타일이 무엇인지 파악해야 해요. 학습 스타일에 따라 도움이 달라지기 때문입니다.

자녀가 편안해 하는 방법으로 지도하기

학습 능력에는 문제가 없으나, 학습 후 틀린 것을 다시 풀어야 하거나 학습 과정에서 쓰기, 읽기 등의 과정이 귀찮아서 하기 싫어하는 자녀라면, 자녀가 편안한 방법으로 학습지도를 하는 것이 좋아요. 영어에서 쓰기보다 말하기를 좋아하는 자녀라면, 쓰기 말고 말하기 교육으로 시작합니다. 수학 서술형 문제보다 암기와 연산을 좋아하는 아동이라면 서술형을 그림으로 그리거나 쉽게 이해할 수 있는 도식을 알려줍니다. 이해만 하면 풀기는 금방 할 수 있다는 것을 경험하게 해 주세요. 새로운 공부보다 틀린 것을 다시 하는 것에 지치는 자녀라면 틀린 것을 정확하게 고치게 하기보다는 틀린 부분을 알려주고, 새로운 문제를 추가해서 풀어보도록 합니다.

자녀의 현재 수준 파악하기

자녀의 현재 수준(학습량, 학습수준, 학습 스타일)을 파악합니다.

학습 스타일은?

- 계획형 : 학습 다이어리를 만들어 성취기록을 체크하면서 공부하기
- 말하기형 : 쓰고 읽는 것이 아니라, 학습한 것을 말하는 관계 위주 학습법으로 기억하며 공부하기
- 쓰기형 : 학습한 것을 쓰면서 공부하기
- 반복형 : 여러 번 반복하여 익숙해지는 공부하기
- 도전형 : 어려운 것에 도전하여 집념과 성취 만족으로 공부하기

학습량 점검하기

학습시간 내 통상적으로 완수한 학습량을 체크하고, 자녀가 시간 내 할 수 있는 기본적인 학습량을 점검합니다. 자녀가 부모의 도움이 없이 완수한 학습량을 일주일 동안 체크하여 전체를 통계 낸 정도가 현재 도움이 없이 할 수 있는 기준입니다.

시간 내 성취한 학습경험 쌓아주기

틀리고 실수하는 것이 두렵거나, 잘하지 못하는 것을 인정하기 싫어서 하기 싫다고 하거나, 공부가 어려워 관심 없다고 하는 자녀에게는 수준을 낮춰서 시간 내에 잘 마치는 성취 경험을 쌓아주는 것이 필요합니다.

귀인피드백으로 자녀의 학습향상을 지각하도록 하기

귀인피드백이란, 앞선 행동 때문에 현재 주어진 결과를 자녀가 알도록 부모가 이전과 현재를 연결지어 칭찬해주는 것입니다. 즉, 자녀 스스로 자신의 노력이 현재 어떤 변화를 만들어내고 있는지 인식한다면, 공부에 대한 긍정적인 동기를 높이고 능력이 향상되는 기쁨을 만끽할 수 있겠죠?

구체적인 귀인 피드백하기

귀인피드백을 해줄 때는 구체적으로 해주어야 스스로 변화를 확인하고, 인정할 수 있습니다.

> "은정이가 매일 두 장씩 연산문제집을 풀었기 때문에, 지금 두 자릿수 곱하기가 암산이 가능한 거야. 5월에는 암산으로 할 때 실수가 종종 있었지만, 지금은 거의 틀리지 않잖아. 잘하고 있어."

"은정이가 국어를 늘 싫어하지만, 꾸준히 학습지를 하니까, 읽는 속도가 빨라졌어. 지난번에는 한 페이지 읽고 푸는 데 10분이 걸렸는데, 지금은 5분이면 가능하잖아."

긍정적 피드백 후 자녀에게 질문하기

귀인피드백을 한 뒤 자녀에게 "네 생각에도 그런 것 같니?"라고 물어봅니다. 이렇게 귀인피드백 후 질문하는 것은 아이 스스로 자신의 변화를 인정할 수 있도록 질문해주는 것입니다. 자녀는 자신의 능력에 대한 변화, 노력에 의한 성장을 인정하면서 현재의 고통과 하기 싫은 것에 대한 능동적 필요성을 수용할 수 있게 될 것입니다.

DO NOT POINT 노력하지 않는다는 판단 멈추기

노력하지 않는다는 판단하는 말 멈추기

학령기 자녀는 발달 시기상 근면하게 자신이 해야 할 책임 과제들을 하는 시기입니다. 학습에서 오는 좌절과 회피, 성취하면서 결국 노력했더니 좋은 성과와 결과가 온다는 것을 경험하는 시기죠. 이것은 꼭 공부와 관련되지 않아도 됩니다. 친구를 사귀는 데 노력을 기울였을 때 좋은 친구

관계를 얻는 것일 수도 있고, 가기 싫었는데 꾸준히 운동했더니 성취감이 생기는 것일 수도 있습니다. 중요한 것은 노력하면 된다는 경험입니다. 그런데 학습을 지도할 때, 부모가 자녀에게 노력하지 않는다고 판단하는 말을 계속하면, 결국 성과가 좋지 않을 때 과정의 노력을 보지 못한 채 좌절하게 될 수 있습니다. 노력이라는 보이지 않은 의지의 문제에서 긍정적인 하려는 내적 동기를 갖는 것이 아이에게는 노력의 시작일 수 있는데 말이죠. 따라서 부모는 아이가 노력하지 않는다는 판단을 줄여야 합니다. 행동으로 보이는 노력이 없다고 해도 아이는 마음으로 자신의 공부를 걱정하고 있을 수도 있고, 공부를 잘하고 싶다는 소망을 두고 좀 더 집중해서 수업을 들어보려고 하거나 노력했던 부모가 모르는 순간들이 있기 때문이에요. 부모의 노력하지 않는다는 말 한마디는 소소한 자녀의 노력했던 순간들을 무가치하게 만들어 버립니다. 그러니 노력이라는 보이지 않는 애매한 마음의 문제를 거론하기보다 도움을 주고 싶다면 다르게 질문해주세요.

"은정아, 너는 요즘 어떤 부분을 노력하고 있니?"

"은정아, 공부할 때 어떤 부분을 좀 더 도와주면 너에게 도움이 되겠니?"

"은정아, 네가 노력했더니 좀 더 좋아진 점이 있어?"

학습해야 하는 것을 스스로 말하도록 하기

학령기 자녀에게 학습은 자신이 스스로 책임지며, 자신의 능력을 위해 성실하고 근면하게 배우고 개발해야 하는 영역입니다. 아이는 학습이 단순히 학습량을 지키는 약속에 해당하는 것이 아니라, 자신의 능력을 높이기 위해 꾸준히 공부해야 하는 것을 깨달아야 하죠. 능력이 꾸준함 속에서 자라는 것임을 아이는 배우게 됩니다. 부모는 자녀에게 공부를 반복적으로 시키고 부모가 일방적으로 진도를 정하여 공부하기를 기대하지 않아야 합니다. 아이가 스스로 학습량을 정하고 말해보도록 하여 책임지는 것이 바로 공부니까요.

말하여 책임지도록 하기

자녀가 스스로 오늘 해야 할 학습량과 학습수준을 정하여 도전하고 끝내는 것이 중요합니다. 예를 들어 수학문제집 매일 풀기를 목표로 정할 때 부모는 아이가 매일 어느 정도의 양을 할지 스스로 말하도록 하고, 오늘 문제 풀이가 어려워서 목표한 것만큼 하지 못하고 있을 때 오늘은 몇 페이지까지 완료할지, 다음 학습시간에는 얼마만큼을 풀지 결정하여 말하도록 하세요. 자녀가 스스로 내뱉은 말에는 힘이 있어요. 자녀 스스로 말한 규칙과 목표에는 더 많은 책임감을 느낍니다.

같이 학습하는 분위기 조성하기

같이 학습하는 분위기 조성하기

학습하는 분위기 만들기

부모의 할 일은 자녀가 학습하는 동안 같이 앉아서 자녀를 감독하는 것이 아니라, 자녀가 공부하는 동안 같은 공간 혹은 다른 공간에서 부모도 자신을 위한 공부를 하는 것입니다. 부모가 좋아하는 책을 필사해도 좋고, 부모가 좋아하는 강의를 들으며 필기해도 좋아요. 부모도 무엇인가를 집중하여 배우는 학습하는 분위기를 조성하는 것입니다. 특히 기질적으로 관계 지향적인 자녀라면, 함께 하고 있다는 분위기의 조성은 꽤 강력한 흐름을 만들어 주죠.

부모가 나는 모르는데, 너는 잘한다고 비교하지는 마세요.

때때로 부모가 자녀의 학습 자신감을 위해 부모는 잘 못 하지만, 너는 잘한다고 비교함으로써 자녀의 자신감을 높여주려고 합니다. 그러나 이러한 방법은 되려 자녀가 부모의 권위와 능력을 낮게 평가하여, 자신이 도움이 필요할 때 부모에게 도움을 요청할 수 없다고 생각하고 마냥 짜증을 내게 만들기도 합니다. 초등학교 자녀들의 학습문제는 실제 부모에게 어렵고 생소한 것들도 많아요. 있는 그대로 어렵지만 네가 열심히 하고 있고, 잘한다고 칭찬하면 충분합니다. 부모의 시대보다 학습수준이 높아져 너희들도 수고가 많겠다고 힘듦을 알아주면 충분해요.

딴짓하기 전에 잠깐의 쉬는 시간 준 다음, 학습 안내하기

심부름으로 움직일 수 있는 명분 주기

자녀가 가만히 있거나 집중하기 어려워 공부가 힘들어서 핑계를 대고 움직이기 전에, 부모가 먼저 물을 가지고 오라는 심부름을 시킵니다. 그러면 아이는 그것을 명분 삼아 잠시 움직일 기회를 얻어 환기가 되지요. 다시 집중할 수 있도록 부모가 지지하여 아이의 주의가 분산되지 않게 안내하면 좋습니다.

칭찬과 함께해야 할 목표 상기시키기

부모는 자녀가 공부에 집중할 수 있는 시간을 미리 알아 두어야 해요. 자녀가 보통 공부 시작 후 10분 뒤에 산만해진다면, 10분이 되기 전에 자녀에게 심부름이나 움직일 기회를 줍니다. 그러고 나서, 자녀에게 고맙다고 말하며 그다음 해야 할 일을 안내해요.

"은정아, 지우개 좀 빌려줄래? 고맙다. 은정이도 15페이지까지 풀고 일어나라."

이처럼 자녀에게 소소한 기회를 준 뒤, 곧바로 해야 할 학습량이나 학습 내용을 안내하여 다시 학습 목표에 주의를 기울이도록 합니다.

소소한 잔꾀 부리는 행동에는 재치 있게 공감해주고, 해야 할 일 안내하기

학습에 주의를 기울이지 않고 화장실이나 소소한 이유를 대며 잔꾀를 부린다는 것은 학습시간이 지겹거나 하기 힘들다는 감정을 드러내는 신호이기도 해요. 모든 신호를 진지하게 공감해주면 오히려 책임을 회피하거나 응석을 부리게 되며, 반대로 모든 신호를 모르는 척 무시하면 자녀는 진정하고 다시 집중하기가 어려울 것입니다.

잔꾀를 즉각 알아차렸다는 신호 주기

자녀의 소소한 잔꾀 부리는 행동이 시작될 때 바로 개입하는 것이 중요합니다. 자녀가 잔꾀를 부리면, 여유로운 표정과 재치 있는 말로 이미 알고 있음을 알려주면서, 자녀가 힘들다는 것도 알고 있다는 것을 전달하되 해야 할 것을 안내하는 게 좋습니다. 이러한 솔직함과 적당한 재치가 있는 공감은 자녀의 부정적 행동에 문제행동이라는 꼬리표를 달아주지 않으면서도 공감과 동시에 부적절한 행동을 스스로 자각할 수 있게 해주거든요. 또한, 부모가 자녀의 의도와 상태를 알고 있음을 전달하여 잔꾀 행동을 하지 않도록 도와줍니다.

솔직하게 말하고, 안내를 명료하게 전달할수록 효과적입니다.

"은정아, 어려운 게 나오니까 하기 싫어서 화장실 가지? 다녀와서 10페이지까지 풀어라."

"은정아, 가만히 앉아있으려니까 답답해서 물 먹지? 물 한 잔만 먹고 바로 제자리로 와라."

"다 풀었다, 모른다."라는 거짓말을 할 때는 솔직하게 타협하기

자녀가 공부하는 과정에서 다 풀었다는 거짓말로 부모를 속이거나, 아무거나 적어놓고 풀었다고 눈 가리고 아웅 하듯 속이는 것은 학령기 자녀라면 충분히 할 수 있는 꼼수일 수 있어요. 부모가 이를 알아차렸을 때 공개적으로 비판하거나 면박을 준다면 수치심을 경험하게 되며, 그 이후로 자녀는 수치심을 직면하고 용서를 구하는 것이 감당하기 어려워 뻔뻔해지는 것을 선택하기도 합니다.

정직하게 표현하면 조율해줄 수 있다는 신뢰 주기

부모가 먼저 하기 싫으면 다음에는 양을 줄여달라고 말하라고 하거나, 어려우면 도움을 요청하라고 하여 부모가 모든 것을 알고 있음을 전달하는 것이 자녀가 거짓말을 하지 않도록 돕는 방법입니다.

2. 공부를 할 때마다 미루는 자녀

"공부시간이 됐다고 오라고 하면 못 들은 척해요."

"공부를 항상 미루고 미루다가 늘 다하지 못하고 시간이 끝나요."

"늘 하겠다고 말 만하고, 하기 싫은 것을 매번 미루는 일이 잦아요."

- 규칙성이 낮은 자녀라면, 하기 싫은 것을 미루는 지연 행동을 많이 할 수 있어요.
- 정서적 민감성이 높으면, 학습에 대한 불안과 두려움으로 미룰 수 있어요.
- 자녀의 인지능력이 낮다면, 복잡한 학습은 매우 어려워할 수 있어요.

DO POINT	DO NOT POINT	FAMILY POINT
학습 목표와 불안 다루기	벌과 소거 위주 지도하지 않기	같이 방법을 찾아가기

DO POINT 학습 목표와 불안 다루기

학습 목표는 자녀가 세우기

학습에서 지연 행동을 보이는 아이들의 특징은 학습에 대한 목표와 목적이 불명확하다는 것입니다. 학습의 양, 왜 학습을 해야 하는지를 모두 부모가 설득하고 자녀가 수동적으로 동의한 후 공부 계획을 따르고 있을 때 특히 그렇죠. 지연 행동을 줄이는데 가장 중요한 것은 실제적인 자녀의 공부 목표와 공부 목적입니다. 자녀가 모든 과목을 균형적으로 공부하는 것도 중요하지만, 학습의 목표와 목적을 알기 위해서는 본인이 어떤 과목을 공부하며 무엇을 공부 후에 알기 원하는지를 파악하는 게 필요해요. 분명한 호기심과 목적을 달성하고자 하는 욕구와 성취를 경험하는 것과 함께 말이죠. 함께 학습 목표를 세울 때는 생활계획표를 빡빡하고 촘촘하게 만들기보다는, 아이가 공부하면서 오늘 이것을 확실하게 알고 싶다고 말하는 것에 초점을 맞추고 목표를 세워보세요. 자녀가 시간 내 얼마만큼의 학습량을 해보겠다는 도전적 계획을 세워보도록 하는 것도 좋습니다.

책임질 것과 결론, 정확하게 말해 주기

지연 행동은 해야 할 일을 불필요하게 미루는 것을 말합니다. 오늘 수학 두 장을 풀어야 하거나, 오늘까지 학교 숙제를 마쳐야 하는 것을 알고 있으면서도 미루려는 행동이죠. 공부를 미루는 자녀는 하기 싫은 것을 빨리 끝낸 뒤 하고 싶은 것을 해야겠다고 생각하지 못하고, 주로 하고 싶은 것을 먼저 합니다. 또한, 중요한 일을 먼저 해결하고 그다음 덜 중요한 것을 하는 것이 아니라, 거꾸로 딱히 중요하지 않은 것을 먼저 하는 특징이 있습니다. 하기 어려운 것, 중요한 것을 미루죠. 자녀가 어떤 것이 더욱 좋은 결과를 낳을 수 있는지를 알게 하려면, 비교할 수 있도록 둘 다 해 보게 하는 것도 도움이 됩니다.

- 놀고 나서 공부한다. / 공부하고 논다.
- 하기 싫은 과목부터 숙제를 끝낸다. / 하고 싶은 것부터 하고 싫은 과목을 나중에 한다.

학습에서 지연 행동이 습관적으로 나타나는 자녀의 경우 끈기와 인내심이 약하거나, 노력하여 성취한 경험치가 적어 노력을 통한 성취보다는 쉬운 성취를 선호하는 경향이 있습니다. 또는 심리적으로 중요한 것을 잘 해보겠다는 완벽주의 경향에 스스로 압도되어 '마음의 준비가 되면', '집중되면', '몰입할 수 있는 시간이 되면', '환경이 준비되면' 등의 준비에 에너지를 소진하기도 하죠. 이런 경우 집중과 몰입이 되는 환경을 찾거나 자신을 통제하는 것이 아니라, 거실에 나와서 공부하거나 친구랑 같이 공부하는 등의 환경을 만드는 것이 효과적이라는 것을 가르쳐줘야 해요. 그래도 자녀가 계속 미룬다면, 더 이상 미룰 수 없는 한계설정(시간, 요일 등)을 확실하게 이야기해주는 것이 도움이 됩니다.

해야 할 것 정확히 말해 주기

해야 한다는 강요가 아닌, 해야 할 것(책임)과 결론을 말하는 것이 포인트입니다.

- "오늘 학교 영어숙제 못 하면 못 자."(X) : "못하면, 못 잔다."라는 부정지시
- "오늘 학교 영어숙제는 다 끝내야, 잘 거다."(O) : "다 하면, 잘 거다."라는 긍정지시

책임에 대한 이유 설명하기

책임에 대한 이유를 설명하여 왜 그렇게 해야 하는지를 말합니다.

"학습지는 양을 조절해줄 수 있지만, 학교 영어숙제는 꼭 해야 하는 거야."

자연적 결과 알려주기

결론을 말한 뒤, 지연 행동을 멈추었을 때의 상황을 가정하여, 그 상황에서 생기는 유익한 결과를 알려줍니다.

"영어숙제를 빨리 끝내면, 자기 전에 자율시간이 생기는 거고 늦으면 바로 자는 거야."

주의할 점은 학습을 이해하는 능력이 어려워 자신감이 없거나, 혼자 할 수 없어서 미루고 있는 경우에는 이렇게 최종 목표를 단호하게 알릴 때 불안이 높아져서 더욱 초조해할 수 있어요. 이해력이 낮은 자녀라면 결과와 목표를 밀어붙이는 것이 아니라, 더 자주 설명하고 같이 문제를 풀이하는 도움을 주어야 합니다.

학습 도움을 청할 때는 응해주고, 도움 요청의 의도 파악하기

지연 행동을 보이는 자녀의 경우 단순히 미루는 것일 수도 있고, 불안감으로 인해 미루는 것일 수도 있으므로 문제 풀이를 도와달라고 하거나 모르는 것이 있다고 질문하면 도움 요청의 의도를 잘 파악해야 합니다.

- 빨리 끝내고 싶어 하면 낮은 난이도 학습 제안하기
- 이해를 어려워하면 대신 풀이과정 보여주기

빨리 끝내고 싶거나 하기 싫어서 질문한다면, 한 가지를 설명한 뒤 비슷한 난이도의 문제는 스스로 하도록 지시합니다. 그러나 실제 불안함으로 집중하지 못하거나, 이해를 어려워한다면 미루는 것 대신 질문하고 도움을 요청한 것에 잘했다고 칭찬해주어야 해요.

불안요소 파악하기

학습 과정에서 실수와 실패한 경험이 있을 때, 정서적으로 예민한 자녀의 경우 공부를 시작하기 전 불안이 높을 수 있습니다. 과연 내가 잘할 수 있을까, 다른 아이들보다 늦게 끝내지는 않을까, 잘못하면 어떡하지 등의 걱정이 많아서죠. 공부는 성실하게 하는 편이지만, 또래 간의 사회적 기술이 부족한 자녀도 또래들과 비교될 수 있고, 함께 학습하는 과정에서 공부를 시작하기도 전에 위축되거나 일어나지 않은 일을 염려하기도 합니다. 특히 공부에 욕심이 많은 자녀라면 아무도 비교하지 않아도 혼자서 또래들과 자신을 비교해 우열을 가리거나, 스스로 학습에 재능이 없다고 생각하기도 하고요. 초등학교 3학년은 발달 특성상 능력과 재능이 서로 다른 것을 인지하는 시기입니다. 그러나 완전하게 이해하지 못하여 불안이 생깁니다.

사회적 인정을 받고 싶어 하는 욕구가 많은 자녀는 자신의 능력을 부정적으로 지각하거나, 제대로 인지하고 있지 못할 때, 더욱 공부에 대한 불안이 높아집니다. 이를 예방하고 해결하기 위해서 부모는 자녀가 능력과 재능을 구별하여 인지하고 있는지, 자신의 능력향상을 느꼈던 경험이 있는지, 다양한 학습경험이 부족한 것은 아닌지를 파악해야 합니다.

능력과 재능 구별해서 설명하기

능력과 재능을 구별할 수 있도록 설명해주고, 자신의 능력을 인지하도록 합니다.

재능

- 아동이 어떤 일을 하는데 필요한 능력으로,타고난 재주와 훈련 때문에 획득된 능력을 모두 아우르는 능력입니다.
- 어떤 아동이 수에 빠른 재주가 있어 암산과 연산을 잘하는데, 문제를 많이 풀어보면 더 빠른 문제 풀이 능력을 갖출 수 있습니다.
- 어떤 아동은 타고난 그림 그리기 재주가 있어, 선과 색채에 감각적 탁월함이 있고, 그림을 배우면서 더 숙달된 능력을 갖출 수 있습니다.

능력

- 아동이 어떤 것을 감당해 낼 힘을 말합니다.
- 어떤 아동은 수에 대해 이해와 해결능력은 약하지만, 학습을 꾸준히 하면서 충분히 빠른 암산과 연산능력을 가질 수 있는 것을 뜻합니다.
- 어떤 아동은 그림을 그리는 감각적 재주는 약하지만, 지속해서 그림을 그리며 능력이 향상되고 숙달되면서 그림을 잘 그리게 되는 것을 뜻합니다.

실제로 일어난 일을 통해 능력을 확인시켜주기

실제로 자녀가 경험한 능력향상에 대한 에피소드를 기억하여 부모와 나눕니다.

새로운 배움 지원하기

자녀가 제한적으로 학교 과목에서만 학습 능력을 경험했다면, 다방면의 외부 경험과 지식을 배우고 익히는 다양한 학습 과정을 통해 새로운 배움에 도전하도록 지원해줍니다.

개인적 피드백하기

학습의 평가를 상대적으로 하지 않고, 자녀 개인의 성장에 초점을 맞추어 피드백 줍니다.

막연한 지지보다 구체적인 도움 주기

불안한 자녀에게는 막연한 지지보다는 빠르고 구체적인 도움을 주어, 성공 경험에서 오는 안정감을 줍니다.

회피가 아닌, 진짜 욕구 알아주기

자녀가 학습을 지연한다면 회피에 대해 집중하여 대화하는 것이 아니라, 자녀가 진짜 원하는 욕구에 초점을 맞추어 대화합니다. 미루는 이유에 치중할수록 왜 미룰 수밖에 없는지에 대한 핑계와 자기합리화가 강해지기 때문이에요. 오히려 감춰진 진짜 욕구인 공부를 잘하고 싶은 마음, 친구보다 빨리해내고 싶은 마음, 인정받고 싶은 마음을 알아주고, 그 마음을 표현하여 원하는 것을 쟁취하는 긍정적 용기를 갖도록 도와주는 것이 좋습니다.

숙제에 새 이름 붙여주기

아이 중에는 숙제, 혹은 하기 힘든 과목만 떠올려도 하기 싫은 마음을 갖거나, 어렵다는 중압감을 느끼는 경우가 있어요. 이런 경우 숙제를 긍정적으로 지각할 수 있도록 부모와 대화를 통해 새 이름을 지어주는 것이 도움이 됩니다. 예를 들어, 내가 공부를 잘하도록 투자하는 투자시간, 스스로 노력하는 것을 배우는 노력 시간, 꿈을 위해 열심히 하는 꿈 숙제 등으로 아동 나름의 이름을 정하여 숙제와 해야 할 공부에 대해 자신만의 의미를 만드는 것입니다.

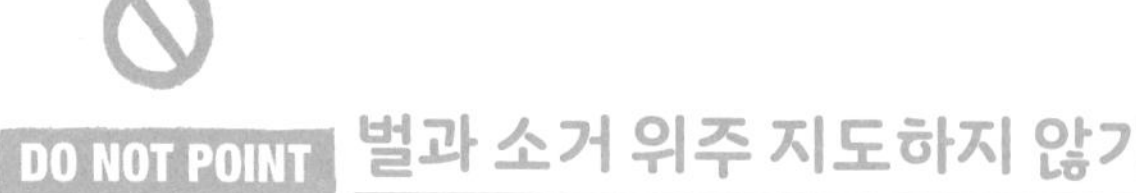
DO NOT POINT
벌과 소거 위주 지도하지 않기

학습을 미뤘을 때,
벌과 소거(원하는 것을 하지 못하게 하기)로 지도하지 않기

자녀에게 공부는 어렵고 노력이 필요한 힘든 과정이에요. 그런데 그것을 제대로 하지 못했을 때마다 원하는 게임, 원하는 TV, 원하는 놀이시간, 자유시간, 간식을 앗아간다면 공부는 내가 원하는 것을 빼앗는 대상이 됩니다. 자녀가 당장 원하는 것을 얻기 위해 공부에 집중할 수는 있겠지만, 부정적으로 강화된 학습법이기 때문에 상대적으로 공부는 세상 하기 싫은 것, 세상에 없으면 자유를 마음껏 누릴 수 있게 해주는 것이 되죠. 결국 학습을 잘 시키기 위해 원하는 것을 못 하게 하고 제한했던 벌로 인해, 공부는 자녀에게 더 싫은 대상이 됩니다. 아이가 학습을 계획만큼 잘 하지 못하거나 약속을 지키지 못하고 지연했을 때의 벌과 대가는 공부에 대해 아이 자신이 정해 놓은 책임을 지는 것이지, 아이가 원하는 것을 부모가 빼앗는 것은 적절하지 않습니다.

공부를 미뤘다면, 그것에 대한 책임을 어떻게 질지 물어봐 주세요.

"언제까지 할 수 있겠니?"

공부 계획에 대한 약속을 어긴 것보다 더 중요한 것은 자녀가 자신의 공부 계획을 지키는 과정에서 자신이 잘 하는 것과 잘하지 못하는 것을 인지하고, 자신이 끈기 있게 학습하는 데 무엇이 부족한지 깨닫는 것입니다. 그 시행착오를 같이 의논하며 가줄 때, 자녀는 부모의 지도를 인정할 수 있어요.

FAMILY POINT 같이 방법을 찾아가기

부모의 지연 행동 공유하며 같이 방법을 찾아가기

공부를 미루는 아이들을 잘 살펴보면, 공부하다가 쉴 때 쉬고는 싶은데 어떻게 쉬어야 할지 잘 모르거나, 다른 방법을 세우기보다는 마냥 미뤄놓는 경우들이 있습니다. 때때로 공부를 하다가 잘 안 되면 쉴 수도 있고 학습이 잘 되는 시간을 다시 정해도 되고, 학습계획을 바꿔서 유연하게 해결할 수도 있는데 그런 방법을 잘 몰라 미루는 경우도 많아요. 이럴 때는 부모도 어린 시절 경험했던 공부 미루기, 부모가 현재도 경험하는 미루기와 다시 계획하기 등의 방법들을 나누는 대화시간이 도움이 됩니다. 자녀가 공부를 미루는 행동을 심각한 학습문제가 아닌 배우는 과정으로 들어주고 공유할 때, 자녀는 공부에 대한 고민을 부모에게 의논하며 솔직해질 수 있습니다. 그리고 자신의 공부방법을 찾는 과정에서 생기는 궁금증을 물어볼 수 있는 안전한 공간이 아이에게 생깁니다.

3. 공부를 하며 온갖 짜증을 내는 자녀

"공부만 시작하면, 별 짜증을 다 내면서 해요."
"공부하다가 틀리면 신경질을 내고 종종 연필을 던지는 행동도 보여요."
"공부하다가 기분 좋게 끝나본 적이 없고, 항상 불평하면서 공부해요."

- 집중성이 낮은 자녀는 의지와 욕구만큼 성취가 잘되지 않아 좌절감이 커요.
- 민감성이 높은 자녀는 학습 과정에서 느끼는 감정에 쉽게 동요되면서 불평과 불만을 감정적 태도로 나타내요.
- 분출성이 높은 자녀는 작은 불편감도 크고 과장되게 반응하는 경향성이 있어요.

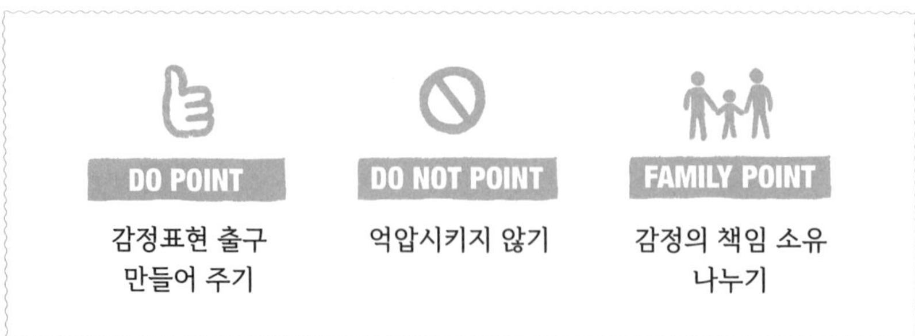
DO POINT
감정표현 출구 만들어 주기
DO NOT POINT
억압시키지 않기
FAMILY POINT
감정의 책임 소유 나누기

DO POINT 감정표현 출구 만들어 주기

감정표현 출구 만들어 주기

학습에서 자녀가 경험하는 좌절, 불편감은 아이마다 그 정도의 강도의 차이가 있을 수 있습니다.

자녀가 집중성이 낮다면, 문제집을 풀 때 집중력이 높은 아이들보다 더 많은 에너지를 써야 하는데도 문제를 틀리는 일이 많을 수 있습니다. 자녀에게는 정말 짜증 나고 속상한 일입니다. 아이에게 공부는 당연히 어려운 것이지만, 아이가 그 감정까지도 당연하다고 생각하면서 참기는 어렵죠.

자녀가 민감성이 높다면, 공부가 부담스럽고, 싫고, 귀찮고, 어렵고, 피곤하고, 속상한 등의 여러 감정에 예민할 것이며 그 감정에 쉽게 동요합니다. 따라서 민감성이 높은 자녀에게 "다른 아이들처럼 너도 좀 참아."라고 말하는 게 아이로서는 쉽게 받아들여지지 못할 수 있어요.

자녀가 분출성이 높다면 다른 아이들보다 감정을 겉으로 분출하는 세기가 강해, 신경질을 내는 목소리가 더 크고 행동반경이 더 커서 자녀의 강렬한 감정이 유독 강해 보일 수 있습니다.

자녀가 이러한 기질적 특징을 가지고 있다면, 감정을 표현하고 분출할 수 있는 출구를 만들어줘야 합니다.

감정인식과 표현의 출구 만들기

자녀가 감정을 말로 표현하려면, 자신의 감정 상태를 인식하는 것이 먼저 되어야 해요. 자신의 감정이 단순히 '화가 난다'가 아니라, 속상한지, 아쉬운지, 답답한지, 지루한지, 막막한지, 난감한지 등의 여러 핵심감정을 알아야 화를 내는 표현적 감정 대신 내적인 감정 상태를 말로 할 수 있기 때문입니다. 이러한 감정을 인식하려면 부모와 자녀는 대화를 통해 그 때 느끼는 감정을 살펴보는 시간이 필요해요. 또는 자녀가 감정을 드러내는 그 순간에 부모는 추론되는 자녀의 감정들을 반영해주며, 자녀가 자신의 감정을 감정 단어로 인식하는 기회를 제공하면 좋습니다. 이런 과정이 부모를 통한 감정분화와 감정인식입니다.

충동적인 감정을 해결하는 출구 만들기

극렬하게 차오르는 감정이나 폭발할 것처럼 강한 감정을 자녀가 느낄 때 아이는 자신만의 탈출구가 필요합니다. 꽉 찬 감정 통에 구멍을 내어 폭발을 막듯이 말이죠. 아이들은 이런 방법을 몰라 책상을 내리치거나, 물건을 던지거나, 욕을 하다가 더 혼이 납니다. 자녀는 부모와 의논하여 그런 상태가 되었을 때는 어떤 방법이 도움이 될지, 어떻게 하고 싶은지 정해보는 것이 필요해요.

- 바람 쐬러 나갔다가 오기 (10~15분처럼 시간은 정해놓는 것이 좋습니다.)

- 잠시 누워있기
- 음악 듣기
- 샌드백 두드리기
- 아이스크림 먹기
- 친구랑 톡하기

울음을 '열심'으로 해석해주어 자기 비난으로부터 보호하기

학습 과정에서 자녀가 울거나 징징거리는 행동이 잦으면 형제들이 비난하거나 무시하기가 쉽습니다. 또한, 스스로 자신을 낮게 평가하는 경험이 되기도 합니다. 따라서 부모는 자녀가 울음을 보일 때, 아이를 다독이며 하기 싫어서가 아니라 어려워서 우는 것은 더 잘하고 싶은 마음일 거라고 강조해주세요. 잘하고 싶은 마음은 좋은 것이라고 지지하는 것도 덧붙여서요.

억압시키지 않기

감정을 억압시키지 않기

감정은 외부 압력으로 누르는 만큼 솟구쳐 오르는 강도가 강해지듯이,

억압시킬수록 폭발과 충동성이 강해집니다. 즉, 감정을 정돈하고 감정을 조절하기 힘들어하는 자녀라면 잠시 쉬었다가 감정을 이완시키고 호흡하게 해주세요. 잠시 쉬어가는 시간을 자주 주는 것도 필요합니다. 특히 민감성이 높거나 쉽게 감정을 분출하는 기질의 자녀라면, 다른 아이들에 비교해 더 자주 쉬어야 할 수 있어요. 다른 아이보다 미숙하다고 생각하기보다는 다른 아이들과 비교해 볼 때 다뤄야 할 감정이 많고, 조절해야 하는 자신의 감정의 힘이 강해 좀 더 시간과 숙달이 필요하다고 바라봐주는 시간이 중요합니다.

FAMILY POINT 감정의 책임 소유 나누기

감정의 책임 소유 나누기

자녀교육을 할 때, 자녀가 책임져야 하는 감정과 부모가 같이 책임져줘야 하는 감정이 있습니다. 다시 말해 자녀가 경험하는 감정 중 부모가 공감하기보다는, 아이가 스스로 자신의 감정을 느끼고 정돈하면서 감내하고 수용하며 삼켜야 하는 감정이 있는 거죠. 예를 들면, 학교 숙제가 많다고 부모가 계속 감정을 공감해줄 수는 없습니다. 이것은 자녀가 초등학생이 되면서 자연스럽게 수용하고 자신의 책임으로 받아들여야 하는 과업이나 무게예요. 그런데 이 감정을 늘 부모가 같이 책임져주며 공감하고 달래주면, 자녀는 자신이 책임져야 하는 감정을 배우지 못한 채 미숙해집니다.

자녀가 책임져야 하는 감정

- 본인의 책임과 과제에 대한 불편감
- 본인이 어떻게 문제해결을 해야 하는지 알 수 있는 상황
- 본인이 피하거나 미룰 수 없다는 것을 알면서 투정이나 불평을 하는 상태

부모가 함께 책임져야 하는 감정

- 자녀가 책임져야 하는 불편감이나 문제 해결방법을 모를 때
- 자녀가 부모에게 도움을 요청할 때
- 자녀가 처음 경험한 감정일 때

4. 사춘기 포인트

DO POINT 민감성을 자극하는 방아쇠 찾기

- 자녀가 학교공부가 아닌 배움이라는 학습에 대한 동기 찾도록 지원하기
- 자녀만의 학습 목표 설정하도록 하기
- 자녀가 자발적으로 학습계획과 수정을 해 보도록 하기
- 노력에 따른 성취 경험을 지원해주기
- 노력하는 마음 인정해주기

DO NOT POINT 민감성을 자극하는 방아쇠 찾기

- 학습에 대한 벌 주지 않기
- 학습 과정의 실패를 각인시키지 않기
- 학습시간 및 과정을 통제하지 않기
- 학습과 관련된 미래에 대해 겁주지 않기
- 학습을 잘하지 못한다고, 놀기와 자유시간 뺏지 않기

FAMILY POINT 책임 다루기

- 감정의 책임 소유 나누기
- 자녀가 아닌 부모가 자녀의 모든 감정을 책임지려고 하는 것은 아닌지 성찰하기
- 공감과 반영이 필요한 상황 구분하여 반응하기
- 감정을 책임지는 부모 모습 보여주기
- 자녀가 감정 출구를 찾도록 도와주고 기다려주기

04

일반적 꾸물거림

관계가 좋으면 많은 부분이 해결

자녀와 긍정적인 관계를 만들면, 많은 문제를 줄일 수 있습니다.

관계란, 자녀와 같은 마음과 관심을 공유하는 것으로부터 시작합니다. 그래서 부모는 자녀들 각자가 좋아하는 것, 관심 있는 것, 싫어하는 것을 중요하게 생각해주어야 합니다. 또한, 각 자녀의 마음을 여는 열쇠가 무엇인지 알고 있어야 합니다.

- 자녀와 같이 운동하기, 놀이 참여하기, 활동을 같이 즐기기
- 자녀가 좋아하는 연예인, 관심사에 대한 정보 공유하고 나누기
- 자녀에게 중요한 사항(친절한 말, 온유한 표정, 빠른 허락 등)으로 관계 맺기

자녀와 관계를 맺기 위해서는 끈기가 필요합니다.

자녀가 부모를 신뢰하기 위해서는 시간이 필요합니다. 부모의 갈등상황이나 자녀에 대한 불신을 오래 경험한 자녀는 부모의 마음과 의도를 꿰뚫어 볼 수 있는 직관력이 있습니다.

자녀가 거절하거나, 마음을 열지 못하거나, 늘 갈등으로 부딪치더라도 자녀가 듣고 싶어 하는 진심은 그래도 나는 너를 놓치지 않고 너와 좋은 관계를 맺을 거라는, 내가 너의 안전기지가 되어 줄 거라는 말일 것입니다.

여지없는 단호함과 아이다운 즐거움의 조화가 관계의 핵심

단호할 때는 여지없이, 함께 어울릴 때는 느슨한 태도로 관계 맺기

질서란, 꼭 해야 하는 규칙과 타협 가능한 규율에 매우 선명한 기준선이 있는 것입니다. 이 기준선이 명확해야 자녀들 스스로 부모의 기준을

알아차리고 적절한 태도를 보입니다. 그런데 질서를 안정적으로 만들기 위해 부모가 너무 경직되어 있거나 꼼꼼하기만 하다면, 자녀는 부모를 사회에서 학교에서 학원에서 늘 만나는 또 한 명의 어른, 선생님, 관리자로 느끼겠죠?

그래서 부모는 단호할 때는 여지없이, 그러나 함께 어울릴 때는 느슨한 태도로 관계를 맺어 자녀가 부모의 공간으로 들어오고 나갈 수 있는 편안함을 가질 수 있도록 해야 합니다.

정서적 유대감을 위한 세심한 알아차림
중요한 기억 해줌

세심한 관계기술 가지기

정서적 예민함이 높고 세심한 기질을 가진 자녀거나, 관계와 소속의 욕구가 높은 자녀일수록 자신을 드러내지 않아도 부모가 나에게 애정과 관심을 가지는지를 보이지 않게 시험합니다. 사랑을 확인하는 귀여운 시험일 수 있죠. 관계 지향적이며 정서에 예민한 자녀는 부모의 잠깐의 손길 하나, 짧은 눈 맞춤 한 번, 서로 교감한 미소 한 번에 사랑의 욕구를 충족해요. 그래서 정서를 중요하게 생각하는 자녀일수록 자녀의 행동을 미리 알아차려 너를 보고 있다는 관심을 증명해주고, 아프거나 마음이 상했을 때 요구하기 전에 미리 다가가 마음을 알아주는 세심한 관계기술이 필요합니다.

- 표정을 보면서 컨디션을 알아주기
- 자녀가 한 말을 기억하여 지난번에 이것 필요하다고 했다며 챙겨주기
- 패션 스타일과 같은 작은 변화, 언어표현에 담긴 감정변화 등을 알아주기

1:1의 시간 가지기

가족은 훈육도 하지만, 같이 추억을 만듭니다. 그래서 일상지도도 필요하지만, 자녀와 즐거운 추억을 쌓는 즐거움을 공유하는 시간도 필요해요. 잠깐이지만 같이 슈퍼마켓에 가고, 재활용 쓰레기를 버리며 잠깐 장난도 치고, 같이 특별한 시간을 보내기 위해 함께 고른 영화도 보는 등의 소소한 일상적인 추억이 있어야 합니다.

형제자매가 있는 집이라면 누가 엄마 옆에서 자는지부터 시작해서 누가 먼저 간식을 받았고 늦게 받았는지까지 별 것 아닌 주제로 늘 애정에 대한 전투가 생깁니다. 그런데도 갈등과정에서 그 문제를 끝까지 애정을 가지고 함께 해결하려는 부모의 마음, 자녀의 마음을 놓치지 않으려는 관심이 결국 관계의 신뢰를 만들죠. 그리고 아이는 이제 더 부모가 나에게 관심을 주지 않더라도 우리에게 이미 연결된 관계의 끈이 있다고 믿으며 잠잠해집니다. 그 과정이 양육입니다.

05

꾸물거리는 행동 지도 시 주의할 점

보상은 신중하게 적용하기

자녀가 꾸물거리지 않고 제시간 안에 과제를 수행할 때 TV를 보는 시간과 게임 시간을 보상으로 주는 경우가 많습니다. 학령기 자녀에게 TV와 게임은 정말 매력적인 보상이죠. 그래서 더욱 TV와 게임 등의 보상은 매우 신중해야 합니다.

반응대가 이해하기

보상은 반응의 대가입니다. 그래서 문제행동과 반드시 논리적 연결성이 있어야 합니다. TV를 약속한 시각에 켰을 때 다음 날 TV를 10분 더 볼 수 있는 것은 논리적 연결성이 있는 보상이죠. 그러나 청소를 깔끔하게 잘했다고 TV를 10분 더 보게 해주는 것은 논리적 연결성이 없습니다. 당장 자녀는 보상에 기분이 좋겠지만 청소를 꼼꼼하게 하지 않아 TV를 10분 더 보는 보상을 줄 수 없다고 하면, 자녀는 청소와 TV가 아무 상관이 없다는 것을 알아요. 그래서 자녀는 결국 규칙을 부모가 마음대로 한다고 생각하며 보상에 대한 반발심을 가집니다.

자연적 결과 이해하기

TV 보는 시간을 7시에서 8시로 정해둔 경우, 자녀가 청소를 일찍 끝내면 한 시간을 넉넉히 TV를 볼 수 있지만, 청소를 늦게 끝내면 자연스럽게 TV를 볼 수 있는 시간이 줄어듦을 알려주는 것이 자연적 결과훈육입니다. 이것은 보상이라기보다는 자신의 행동에 따라서 어떤 것을 누리게 되는지 알도록 설명하고, 자연적 결과를 경험함으로써 배우게 하는 방법이에요.

간헐적 보상

갑작스럽게 예측하지 못했는데 보상을 주는 것이 간헐적 보상입니다.

보상은 꾸준히 줄 때보다 예측하지 못했을 때 받는 보상에서 가장 효과적으로 동기가 자극되죠. 그러므로 자녀에게 간헐적 보상을 주는 것은 좋으나 이번만이라는 것을 분명하게 전달하고, 왜 보상을 주는 것인지에 대한 이유를 명확히 해야 합니다. 청소라면 청소를 잘해서라고 뭉뚱그려서 말하는 것보다는 네가 내(부모)가 말한 시간에 딱 맞춰서 청소를 끝낸 점, 청소하면서 불평하지 않은 점, 다시 손댈 것 없이 깔끔하게 청소한 점에 대한 보상이라고 말하는 것이 좋습니다.

결과의 기능 알아보기

자녀들에게 왜 꾸물거리는지 물어보았을 때 대부분은 귀찮고 하기 싫어서이며, 또한 꾸물거리면서 얻어지는 것이 있기 때문이었어요. 이것이 바로 행동에 유익이 있으므로 그 행동을 하게 된다는 기능입니다.

- 계속 문제를 안 풀고 있으면 안 할 수 있어요. 결국, 잘 때가 되면 자요.
- 천천히 나가면 그래도 나가기 싫은데 조금이라도 집에 있을 수 있잖아요.
- 청소를 대충 하면, 매일 검사하는 건 아니니까 오늘은 놀 수 있잖아요.

부모가 알아야 할 것은 꼭 매일 완벽하게 검사해야 할 것이 아니라면, 엄격한 규칙으로 가르치기보다는 자녀가 꾸물거리는 행동으로 인해 얻어지는 것에 대해 열린 대화로 소통해야 한다는 것입니다. 자녀가 원하는 것을 꾸물거림이 아닌 다른 방법으로 해결하도록 같이 동맹을 맺고 의논하는 과정이 필요하다는 것도요,

만약 타협할 수 있는 것이 아니라면, 항상 일관적인 지시와 한계설정을 통해 명확하게 행동해야 합니다. 하지만 이 규칙과 규율의 기준은 나이에 적합한 기준이어야 하고, 아이가 왜 이것이 타협될 수 없는 규칙인지 이해하는 과정이 필요합니다.

FOUR

4

가족 놀이시간

실서와 연합을 만들어가는
안내자 역할은 쉽지 않습니다.
쉽지 않다기보다는 정말 어렵지요.
그래서 우리에게는
사랑과 지혜가 필요합니다.

꾸물거리는 자녀의 기질을 파악하고 그에 맞는 접근을 해서, 갈등을 줄여가며 효과적인 훈육을 하는 과정은 무척 중요합니다. 그러나 이 모든 과정에 앞서 가정이 하나 되는 경험, 즉 부모와 자녀가 함께 즐겁게 지내는 경험을 할 수 있다면 얼마나 좋을까요? 대부분의 부모는 "아이가 평소에 자기 생각을 우리에게 편하게 이야기해주면 좋겠어요. 애들이랑 대화를 많이 하고 싶어요."라고 말합니다. 그렇다면 훈육할 때는 엄하고 호되게 자녀를 꾸중하고 싶어 할까요? 아니죠, 부모는 부드럽지만 단호하게 훈육하고 싶어 하고 자녀가 부모의 그 정중한 가르침을 좋은 태도로 수용해주기를 기대하지요.

이런 교과서에 나올 법한 바람직한 가족의 대화와 훈육을 할 수 있을까요? 끈끈한 유대관계가 형성된 가정이라면 가능하죠. 물론 부모 자녀의 관계가 좋다고 매일 웃음꽃만 피는 것은 아닙니다. 서로 기분이 상하는 일도 있고, 훈육할 때 자녀의 태도가 불손할 수도 있습니다. 부모가 실수하는 날도 있지요. 그러나 서로의 기질과 좋은 의사소통기술을 알고, 아는 것을 실천해보는 가정은 더디더라도 좋은 방향으로 나가고 있다고 할 수 있어요. 책이나 강의를 통해 배우고 알게 된 것들을 가정 안에서 자연스럽게 실천하기 위해서는 '관계'가 기본이 되어야 합니다. 거꾸로 좋은 관계를 만들기 위해 함께하는 시간을 가지다 보면 어색했던 관계가 좋아지기도 합니다. 오늘부터 이번 장에서 소개하는 가족 놀이시간을 가져보시길 바랍니다.

부모와 자녀가 좋은 관계를 형성하고 유지하기 위해서는 어떤 노력과 연습이 필요할까요? 연말마다 찾아오는 발레 〈호두까기 인형〉에서 주인

공 클라라와 그 일가친척이 모여서 함께 춤추며 웃고 선물을 주고받는 장면을 떠올려보세요. 참 따뜻하고 부러운 장면입니다.

그러나 지금은 대가족이 대부분이던 과거와 달리 주로 부모와 한두 명, 혹은 서너 명, 그러니까 적으면 세 명, 많으면 대여섯 사람으로 가족 구성원이 모여서 사는 형태입니다. 그리 많지 않은 사람들이 가족 구성원으로 모여 살면서도 분열된 모습을 보이지요. 조부모, 부모 그리고 사촌이나 다른 친척들이 모여 살지 않고 오롯이 부모와 그 자녀만 함께 산다면 더 결속되고 함께 하는 시간이 많을 것이라고 기대할 수 있지만, 현실은 오히려 이전보다 더 분열된 모습이지요. 그 이유로 다음 두 가지를 들 수 있습니다. 대가족 안에서 서로에게 의존해서 시간을 보내던 시절과 달리, 오늘날은 부모가 자녀에게 재미있는 놀잇감이나 장소는 제공해주지만, 놀이에 직접 참여하지 않는 경우가 많습니다. 자녀에게 가장 좋은 것을 제공해주기 위해 노력하지만, 정작 동참하는 일을 소홀히 하고 있다는 것이지요.

다른 하나는, 부모와 자녀 사이에 공통된 관심사가 부족하다는 점을 들 수 있습니다. 자녀는 부모들의 세계와 다른 자신들만의 놀이문화를 구축하려고 해요. 부모와 함께 노는 것을 부담스러워하거나 원하지 않는 경우도 많습니다. 단순히 학령기가 되면 자녀가 또래에 소속되어 친구와의 놀이가 더 재미있어서 부모와 보내는 시간이 줄어든다고 말하는 것으로는 설명이 부족합니다. 부모와 함께 즐겁게 할 수 있는 놀이와 게임을 경험하지 못해서 그럴 수도 있으니까요. 부모와 자녀가 짧지만 신나게 웃을 수 있거나, 조용하게 보내지만 함께 할 때 편안하고 사랑을 느낄 수 있는 가족 놀이시간을 가지는 것이 그래서 중요합니다. 그 시간을 통해 자녀는 '나는 우리 집의 구성원이야. 나는 부모님에게 소중한 자녀구나. 부모님과 함께 하는 시간이 편안하고 재미있다.'라고 생각하고 느끼게 되죠.

대부분 부모는 어린 아기 시절 자녀의 몸짓에 호응하고 함께 웃으며 노는 것은 잘 하지만 학령기가 되면 함께 노는 방법들을 잊어버리고 다시 개발하지 않습니다. 하지만 자녀에게는 꾸준히 부모와 함께 웃고 사랑을 확인하는 시간이 필요하죠. 화목한 놀이의 시간은 부모와 자녀 사이의 결속력을 높이고 서로를 이해하는 기반이 될 수 있습니다. 가정에서의 놀이와 게임은 친구들과 하는 것과 달리 반드시 이겨야 하는 것이 아닙니다. 그냥 놀이 자체가 재미가 되고 한 공간에서 시간을 함께 보내는 것만으로도 행복하다는 것을 경험하는 과정이죠.

자녀가 학교나 학원에서 하는 활동들 대다수가 잘하거나 잘못하는, 즉 이기고 지는 데 중점을 두고 있습니다. 이미 초등학교에 다니는 우리의 자녀는 이기는 것이 중요하다는 사실에 익숙해져 있으니 가정 안에서는 자녀의 수준에 맞는, 져도 되고 이겨도 되는 놀이를 하면서 마음을 편안하게 해주면 좋겠지요. 가족 놀이시간을 함께 정하고 일과에 포함하여 가족 모두가 그 시간을 기다리면 얼마나 행복할까요?

가족 놀이시간이라고 하니 조금 부담스럽게 느껴질 수도 있을 거예요. 그러나 아주 단순하게 생각하셔도 됩니다. 가족이 함께 노는 시간이거든요. 스킨십과 축복의 말이 들어가면 좋고요, 놀이를 진행하다가 웃을 수 있다면 이보다 더 좋을 수는 없습니다. 놀이의 강약을 잘 조절해서 중간에 토라지거나 화를 내지 않도록 살펴주세요. 그러려면 시간이 길지 않은 것이 낫겠지요? 시작은 좋았으나 끝은 누구 하나가 울고 끝나는 경험, 많이 해보셨을 거예요. 가족 놀이시간은 짧게, 자주 하는 것이 좋습니다. 하루 10분 정도, 자녀의 나이에 맞는 재미있는 놀이에 동참하실 용기를 가지셨다면 바로 시작하실 수 있어요.

적은 비용 혹은 비용을 들이지 않고 하루 10분 정도 부모와 자녀가 함께 시간을 보낼 수 있는 가족 놀이를 소개합니다. 처음에는 쑥스러울 수도 있고 '굳이 이런 걸 해야 하나?' 하는 생각이 들 수도 있지만, 자녀와의 좋은 관계를 위해, 그리고 자녀가 사춘기가 되어서도 부모와 함께했던 즐거운 추억을 떠올릴 수 있도록 용기 내 몇 가지를 직접 해보세요. 애정 통장에 저축하기 위해 말예요. 대화와 훈육은 좋은 관계 위에 가능하다는 것을 꼭 기억해주세요.

01

저학년 자녀와 몸으로 할 수 있는 놀이

알 놀이 / 새끼 놀이

놀이 시작 전에 알을 낳는 조류 중 무엇을 할지, 새끼를 낳는 포유류 중 어떤 동물로 할지 자녀와 함께 선택합니다. 자녀가 좋아해서 자주 하자고 할 경우, 월, 수는 알 놀이(병아리, 비둘기, 독수리, 참새 등), 화목은 새끼 놀이(토끼, 강아지, 고래 등), 이런 식으로 정해 놓으면 좋습니다. 준비물로는 잘 늘어나는 소재의 원피스나 이불만 있으면 됩니다.

알놀이 / 새끼놀이

엄마가 잘 늘어나는 소재의 원피스 안, 혹은 편하게 빨고 말릴 수 있는 이불 속에 자녀를 들어가게 합니다. 이때 엄마는 이렇게 출산의 과정을 연기로 표현합니다.

"아이고 배야, 아이고 배야, 알이/새끼가 나오려는 모양이네. 아이고 배야, 우리 예쁜 아기 어서 나오렴"

자녀는 밖으로 나오며, "삐악삐악, 엄마", "구구 구구구 엄마, 엄마.", "나는 새끼 토끼. 눈을 못 떠요. 음냐음냐." 등 귀여운 언행을 할 수 있습니다.

옷이나 이불 밖으로 나온 자녀를 안고 마음껏 축복해줍니다.

"세상에, 이렇게 예쁜 00이가 태어났구나. 고마워, 엄마가 아주 많이 사랑해줄게. 우리 00! 사랑해, 사랑해"

둘째 셋째 자녀가 기다리고 있으면 다음 출산과 탄생, 그리고 축복의 단계를 이어서 연기하며 스킨십과 사랑의 언어를 충분히 나눕니다. 이 놀이는 엄마와 자녀들만 해도 재미있고, 아빠가 참여할 때는 자녀가 태어나면 일차로 엄마가 안고 축복의 말을 해주고, 다음에는 굴러서 혹은 날아가는 시늉을 하며 아빠 품으로 쏙 안길 수 있겠죠. 이차로 아빠가 자녀를 또 충분히 안아주고 머리를 쓰다듬어주며 "사랑한다. 우리 딸, 아들로 와줘서 고맙구나."라고 말해 주면 최고의 화목 놀이로 즐거운 시간을 보낼 수 있습니다.

아빠와 함께 하는 놀이 – 아빠 발등에 올라가서 하는 놀이

초등학교 저학년 자녀, 체중이 30kg 미만인 자녀들과 할 수 있는 놀이입니다. 발등에 올라가서 하는 이 놀이는 아빠와 자녀 모두 맨발로 해보세요.

펭귄놀이

황제펭귄은 엄마 펭귄이 알을 낳으면 아빠 펭귄이 알을 품는다고 하죠. 자녀에게 이런 펭귄의 습성을 간단하게 이야기해준 뒤, 아빠의 발등 위에 자녀가 서게 해줍니다. 아빠는 자녀의 머리카락을 쓰다듬거나 어깨를 감싸며 다음과 같이 사랑의 말을 합니다.

"귀여운 00(자녀 이름) 펭귄이구나, 아빠 엄마가 사랑해서 이렇게 귀여운 녀석을 낳았지. 정말 사랑스러운 우리 000! 조금만 기다리렴. 엄마가 맛있는 먹이를 구해 오실 거야."

아빠와 자녀가 이렇게 이야기를 하고 자녀를 쓰다듬는 사이에 엄마는 한입에 쏙 넣을 수 있는 간식을 준비해서 지나가며 "사랑하는 우리 00, 엄마가 맛있는 간식을 준비했단다. 한 입 먹어보렴."하고 입에 넣어주시면 돼요. 이후 아빠와 발 등위에 올라가 있는 자녀가 원하면 간식을 그 자세로 좀 더 먹으며 놀이시간을 이어갑니다. 자녀가 여러 명일 경우 놀이의 시작 전에 순서를 정해두었다가 돌아가며 자신의 차례에 아빠 발등 위에 올라가서 펭귄 놀이를 이어가고, 마지막은 함께 모여 간식을 좀 더 먹고 마무리하면 됩니다.

준비물 - 핑거푸드·귤을 까서 낱개로 준비·모여서 함께 먹을 간단한 다과

아빠 발등에서 춤추기

아빠 발등 위에서 춤추기는 오래전 외국영화에서 본 장면 같은 놀이죠. 왈츠나 가족이 좋아하는 음악을 틀고 어린 자녀가 아빠 발등 위에 올라가 가볍게 춤을 추는 것은 간단하지만 음악과 행동이 더해져 안정감과 좋은 기분을 느끼게 해 줍니다.

준비물 - 춤추기 좋은 음악 두 곡

이불을 이용해서 할 수 있는 놀이

원하는 사람이 이불을 끌거나 말 수 있습니다. 주로 아빠가 담당하고, 엄마나 터울이 많이 나는 맏이가 하는 것도 좋아요. 편하게 빨고 건조할 수 있는 이불만 있으면 할 수 있는 간단한 놀이입니다.

하늘을 나는 양탄자

가족이 좋아하는 음악을 거실에 틀어 놓습니다. 가장 가벼운 자녀가 이불에 올라앉고 다른 가족 중 한 명이 "하늘을 나는 양탄자!"를 외치며 살살 끌고 다닙니다. 목적지를 미리 정해두어 그곳에 도착하면 다음 자녀가 이불에 올라가고 또 양탄자 놀이를 합니다.

김밥놀이

자녀들을 이불에 눕게 합니다. “나는 단무지!”, “나는 오늘 햄이야!” 이렇게 자녀마다 원하는 김밥 속 재료를 선택하고 외칠 수 있겠지요. 아빠와 엄마가 이불을 둘둘 말며 말합니다.

“으쌰! 오늘도 맛있는 김밥을 말아보자! 둘둘둘둘!”

“오, 김밥 꽁지네! 단무지가 나왔어! 햄이 긴가 봐!”

이불 속에서 꼼지락거리는 자녀의 몸을 토닥이거나 이불 밖으로 나온 자녀의 발이나 머리를 만져줍니다. 단순한 놀이인데 많이 움직이고 웃을 수 있는 놀이예요.

다만 이불 먼지가 싫거나 이부자리가 흐트러지는 것이 견디기 어려운 부모라면, 이 놀이를 하는 중간이나 놀이를 마치고 정리하며 자녀에게 과민하게 반응할 수도 있어요. 그런 경우 이 놀이는 선택하지 않는 편이 바람직합니다.

02

자녀의 나이와 무관하게 할 수 있는 놀이

몸으로 말해요

부모나 자녀 중 한 사람이 소리 없이 동작으로 영화나 동화의 한 장면을 표현하면 나머지 가족 구성원들이 정답을 맞추는 게임입니다. 나이와 상관없이 가족 모두 참여할 수 있어요. 자녀가 여러 명이고 터울이 있더라도 동생이 형, 누나들이 어릴 때 읽은 책의 한 장면을 흉내 내면 재미있게 맞출 수 있습니다. 함께 본 영화나 책이 많을수록 게임이 재미있겠죠?

"디즈니 영화야, 맞춰봐"

몸으로 Let it go를 부르며 손바닥에서 얼음 장풍이 나가는 엘사의 포즈 (가장 유명하고 상징적인)를 조금 과장해서 표현합니다.

"렛잇고!"

"그건 노래 제목이고"

"아, 아, 그거! 겨울왕국!"

"이건 책 내용이야. 우리 집에 있는 책이야."

<도깨비를 빨아버린 우리 엄마>의 한 장면으로 빨래를 조물조물하는 모습, 다 빨고 탈탈 털어서 빨랫줄에 너는 장면을 손으로 뭔가를 들고 탈탈 털고 너는 장면을 보여줍니다.

<구름빵>, 홍비와 동생을 표현하듯 손가락 두 개를 펴고, 구름을 한 조각 떼어 빵을 만드는 시늉, 그리고 완성된 빵을 먹고 하늘로 떠오르는 장면처럼 팔을 벌리고 다소 놀란 얼굴로 둥실둥실 나는 척을 합니다.

"이건 지브리 영화야"

토토로가 우산을 쓰고 있다가 쿵! 하고 뛰며 빗방울을 많이 맞게 하는 장면을 보여줍니다.

피자와 빵 만들기

주말 오후에 가족이 모여 간단하게 만들어서 먹을 수 있는 간식을 만드는 시간입니다. 완성된 피자나 빵을 먹으며 유쾌한 가족영화를 시청해도 좋겠지요? 모든 가족이 할 수 있는 놀이 활동입니다. 완성된 음식을 서로 나누어 먹으며 거실에서 함께 영화를 보는 등 이후 가족과 함께 하는 시간을 가질 수 있어요. 피자 준비물로는 또띠아, 식빵, 통조림 옥수수, 피자 치즈, 토마토소스나 케첩, 햄이 있어야겠죠. 빵이라면 호떡믹스와 좋아하는 잼, 우유나 과일 맛 요거트 정도면 충분합니다. 부모가 먼저 시범을 보이고 이후 자녀가 서툴더라도 스스로 재미있게 할 수 있게 안내해 주세요. 주의할 점은 거창하게 준비하지 않는다는 점입니다. 간편한 인스턴트 재료들로 평소에 사두었다가 주말 오후에 꺼내 사용하면 됩니다. 잘 만들려고 하는 것이 아니라, 자녀와 재미있는 시간을 보내는 것이 목적이니까요.

피자 만들기

또띠아나 식빵에 토마토소스나 케첩을 발라 줍니다. 그다음에는 통조림 옥수수, 햄, 집에 있는 채소를 올리고 피자 치즈를 뿌린 뒤 오븐이나 에어프라이어, 전자레인지에 넣어 피자가 녹는 정도를 보며 돌려주세요. 생각보다 금방 먹음직한 피자가 완성됩니다.

빵 만들기

빵을 만드는 것도 간단해요. 시판 호떡믹스를 이용하고, 제품 뒤에 적힌 레시피대로 물(우유)이나 달걀양을 조절합니다. 이후 좋아하는 잼을 넣어서 파운드 케이크 틀, 혹은 가지고 있는 전자레인지나 오븐 사용이 가능한 용기에 버터나 식용유를 조금 바르고 반죽을 넣어 딸기 파운드 케이크, 블루베리 빵 등을 만들어보면 재미도 있고 맛도 좋습니다.

둘 중 하나 게임

부모와 자녀, 형제자매들이 함께 모여 둘 중 더 좋아하는 것을 하나 고르는 단순하면서도 서로를 알아 갈 수 있는 게임이에요. 사람들이 흔하게 고민할 만한 보기를 주기도 하고, 가족끼리만 아는 정보를 이용해서 정말 고르기 어려운 두 가지를 주고 "꼭 하나만 고른다면?"이라고 말할 수 있습니다. 고르기 어려워서 "으악! 이건 너무 어려워!"라고 외칠 때 함께 웃으며 공감할 수 있겠지요. 사소한 선택인데 너무 괴로워하며 고르는 부모나 자녀의 반응이 짧지만 재미있는 시간을 보내게 하는 것을 경험하실 수 있습니다. 부모가 둘 중에 더 좋아하는 것을 고르기 어려워하며 괴로워할 수록 자녀들이 즐거워해요.

"짜장, 짬뽕"

"이건 너무 어려워. 짬짜면 먹을래."

"그건 보기에 없어. 꼭 하나를 골라야 해."

"으아! 그럼, 그럼, 난 짜장면."

"제주, 서울 어디서 살고 싶어?"

"고민할 것 없이 제주!"

"호빵, 찐빵 중에?"

"우유가 있으면 찐빵, 없으면 호빵!"

"휴게소 음식 중에 소떡소떡, 치즈 핫도그!"

"소떡소떡!"

"디즈니 플러스와 넷플릭스"

둘째 셋째 : "디즈니!", 엄마, 첫째 "넷플릭스",

아빠 : "기권! 너무 어려워!"

"치킨 대 피자"

첫째, 둘째 : "치킨", 셋째와 아빠 : "피자!"

칭찬샤워

부모와 자녀, 형제자매의 관계가 좋으면, 문제 상황에서 해결책을 찾기 쉽고 훈육할 때 바로 효과를 발휘할 수 있습니다. 칭찬샤워는 매우 짧고 효과적인 관계 증진 활동이에요. 문제가 생기고 나서 해결하고 그릇된 언행을 교정하기 위해 훈육하는 것도 중요하지만, 좋은 관계를 형성하고 증진하기 위해 평소에 칭찬샤워를 자주 해보면 어떨까요? 가족이 모여 함께하는 놀이 대부분은 관계를 끈끈하게 하는 것이 가장 큰 목적임을 기억해주세요. 너무 진지하거나 정색하지 않고 부드러운 분위기와 웃음이 있는 시간으로 만들어 주는 것이 좋습니다.

설명하기

칭찬샤워를 하는 날에만 진행 상황을 설명해줍니다.

"우리는 서로를 칭찬할 거야. 모두 돌아가며 하는 거고, 한 사람도 빠짐없이 하자. 우리는 모두 칭찬받고 칭찬할 만한 사람이야. 자, 봐. 먼저 보여줄게."

이후에는 가족의 분위기를 살펴 누구든 제안할 수 있습니다. 하다 보면 시간은 점점 짧아집니다.

칭찬샤워

"우리 칭찬샤워 한 번 하고 자자"

"오늘은 공부 시작하기 전에 칭찬샤워 한 번 하자. 학교나 학원에서 기분 안 좋은 일 있었던 거 여기서 씻어 버리자."

"오늘 힘든 일 있는 사람, 가운데로 와! 칭찬샤워 한 번 받고 기운 내!"

모두 돌아가며 칭찬합니다. 형제자매끼리, 부모와 자녀 간에 서로를 칭찬하고 자녀도 부모를 칭찬합니다. 특별히 힘든 일이 있거나 위로가 필요한 사람은 자원해서 원 가운데로 들어가 모두에게 두 배의 칭찬을 받아도 좋아요. 서로 안아주는 것도 권장합니다.

마무리

실컷 칭찬하고 기분이 좋아진 뒤에는 좋아하는 노래를 부르면서 정리하면 좋습니다. 잠자리에 들기 전에 했다면 "샤워를 마쳤으니 이제 기분 좋게 가서 자자"라고 외치고 잠자리에 들면 더욱 좋겠지요.

자녀들은 연극을 하기를 좋아합니다. 부모가 참여하는 연극, 어른과 아이가 역할을 바꾸어서 하는 연극이면 더욱 좋아하죠. 모두 알고 있는 동화나 영화, 광고의 한 장면 같은 것을 연극 소재로 삼아 제목 맞추기 놀이를 하거나, 서로가 청중이 되어 가족만 알아듣고 웃을 수 있는 연극을 하는 것은 소재가 끊이지 않는 가족 놀이가 될 수 있습니다.

가족이 함께할 수 있는 놀이와 게임은 무궁무진합니다. 시중에 나와 있는 보드게임을 몇 가지 사서 식사 후 자녀들이 좋아하는 최신곡을 틀어 놓고 "세 곡이 나오는 동안 게임을 하고 마치면 바로 씻자."라고 정한 뒤 음악 세 곡이 끝나고 게임을 마치면 깔끔하게 정리하고 욕실로 들어가는 것도 좋아요.

씻기 싫어서 꾸물거리는 자녀를 둔 가정이라면 더더욱 그렇겠지요. 서로 먼저 씻으라고 언쟁을 하거나 양치 순서를 미루려고 한다면, "겨울에

는 말리는 데 오래 걸리니 머리카락이 긴 순서대로!" 혹은 "이번 달은 첫째 먼저 양치, 다음 달은 둘째 먼저 양치! 매달 번갈아 가며 하기!" 등으로 정하고 목욕이나 양치 전에 짧고 즐거운 가족의 놀이시간을 가지는 것도 괜찮은 방법입니다.

03

고학년 자녀들과 할 수 있는 놀이

빙고 게임

초등학교 고학년 자녀들만 키우는 가정이라면 앞에 등장하는 어린 자녀와 하는 몸놀이 대신 피자나 빵을 직접 만들어 부모나 친구에게 선물하기, 단순하고 많이 웃을 수 있는 둘 중 하나 고르기, 보드게임, 오목, 그리고 빙고 게임을 추천합니다. 예를 들면, 축구를 좋아하는 자녀와 25칸에 축구 선수 이름을 가득 적고 먼저 5줄을 만들어 빙고를 외치는 게임을 하거나, 알아들을 수 없는 노래들을 듣기 시작한 자녀에게 "네가 좋아하는 아이돌 노래 제목이나 엄마·아빠는 제목은 몰라도 노래 한 소절은 기억나는 것들이 있으니 그걸로 빙고 게임을 하자! 의외로 엄마·아빠도 많이 알아!"라고 하는 등 자녀의 눈높이 맞춰 게임을 진행할 수도 있어요. 이런 시간이 몇 번 반복되면 자신의 관심사에 부모의 시선이 머무는 것을 깨달은 자녀들이 가족 놀이시간을 기다리거나, 가끔 심심할 때 문득 "빙고 한 판 하실래요?" 하며 먼저 자신의 세계로 부모를 초대할지도 모릅니다. 서로의 세계를 조금씩 열어서 좋은 유대관계를 맺은 부모와 자녀는 일상에서 종종 접하는 꾸물거림을 비롯한 여러 불편한 문제들을 더욱 부드럽게 풀어나갈 수 있습니다.

시간과 공간을 함께 하기

고학년 자녀들과는 같은 공간에서 함께 시간을 보내는 것으로 가족 화목 활동을 하며 만족해야 할 때도 많습니다. 각자의 방에서 스마트폰이나 노트북, PC 등으로 게임을 하지 않고, 거실에 나와 함께 전자레인지에 돌린 팝콘을 먹으며 재미난 영화를 한 편 같이 본다거나, 좋아하는 스포츠 경기를 직접 관람하기 위해 경기장을 찾는 것처럼 시간과 공간을 함께 하는 것으로도 때로는 충분할 수 있어요. "우리는 너를 사랑한다. 사랑의 표현으로 이 시간과 공간을 함께 하고 있단다. 오늘이 너에게 좋은 기억으로 남기를 바란다. 우리가 자주 오던 이곳이 너희들에게 추억의 장소가 되었으면 좋겠구나." 이 메시지가 언어와 비언어적으로 자녀에게 전달된다면 성공입니다.

영화를 좋아하는 부모와 자녀라면 부지런히 개봉작을 찾아서 보시길 바랍니다. 부모와 함께 수많은 영화를 보았다는 명감독과 배우들이 제법 많지요. 발레나 뮤지컬, 그리고 아이돌의 콘서트를 좋아하는 초등학교 5, 6학년 자녀가 있다면 자녀보다 한발 앞서 소식을 듣고 예매해보시는 것도 좋습니다. 가정에서 탄산수에 과일청을 골라 직접 에이드를 만들고 좋아하는 과자 하나를 골라 먹으며 작은 화면으로 주말마다 한 편의 영화나 예능 프로그램을 보는 것도 추천하고요. 정적이지만 그 시간과 공간이 부모와 자녀의 관계에는 긍정적인 영향을 미치기에 충분합니다.

04

가족의 하모니를 경험하게 하는 놀이

저녁에 노래 부르기

함께 노래 부르기도 가족에게 일체감을 주고 분위기를 따뜻하게 하는 방법입니다. 저녁 식사 후 부모가 설거지나 청소를 하며 부르는 노래를 가족 구성원들이 따라 부르면 저녁 합창이 되기도 하죠. 고학년 자녀들이 좋아하는 최신 유행가 중에는 특정 음과 가사가 중독성이 있어서 부르고 또 부르게 되는 것들도 있어요. 부모가 좋아하는 오래된 동요나 가곡, 가족이 모두 같은 종교를 가지고 있다면 성가곡을 부를 수도 있습니다. 이렇게 자녀가 집에서 노래를 배우기도 하고 학교에서 배운 노래를 집에 와서 부르면, 부모와 함께 화음을 넣어 노래를 부르는 장면도 상상할 수 있습니다. 자녀가 유치원에 다닐 때 원에서 배운 노래를 가정에서 부르면 부모가 무척 흐뭇해하고 기특하게 여기며 함께 부른 기억이 있으실 거예요. 그러나 초등학교 3~4학년만 되어도 자녀가 학교에서 배우거나 친구들과 어울리며 부르는 노래를 부를 때 큰 관심을 가지지 않는 경우가 많습니다. 이때를 놓치지 말고 귀를 기울여보시길 바랍니다.

절기별 활동

절기별 가족 놀이도 놓칠 수 없겠지요. 크리스마스 직전에 가족이 모여 트리에 필요한 종이 장식을 만들거나 11월 말, 혹은 12월 1일 저녁이면 베란다 어딘가에 묵혀 둔 트리를 꺼내 새롭게 장식하고 그 앞에서 사진을 찍는 시간을 가지는 것은 일 년 중 그때에만 누릴 수 있는 가족의 일체감을 선물합니다. 이때 자녀의 나이가 다양하다면 부모나 고학년인 언니·오빠/형·누나가 어린 동생이 오릴만한 그림을 그려줄 수 있겠죠? 색칠은 막내를 위해 양보하는 것처럼 이야기해서 기분 좋게 해줄 수도 있고, 반대로 부모부터 가장 어린 자녀까지 다 함께 식탁에 앉아서 혹은 거실 바닥에 엎드려서 별, 지팡이, 산타 등을 색칠하며 소소한 재미를 경험할 수도 있습니다. 이때 부모가 어릴 때 들었던 겨울 노래와 지금 자녀들이 듣는 곡들을 섞어서 틀어두면 대화의 소재가 될 수 있겠지요.

"이 옛날 노래는 뭐에요?"

"아빠 엄마가 좋아하던 터보 노래야. 겨울에는 이 노래를 꼭 들었지."

"터보요? 런닝맨의 김종국 그 터보요?"

숙제를 놀이로 만들기

절기를 보내는 방법뿐만 아니라 방학 숙제를 핑계로 가족 놀이시간을 가질 수도 있습니다. 방학 중에 '집안에서 세계여행하기!'라는 주제로 나라별 스크랩북 만드는 것도 방학 숙제와 가족의 대화를 모두 충족시켜주니 일석이조죠. 혹은 축구를 좋아하는 가족은 축구 잘하는 나라를 모아서, 음악을 좋아하는 가족은 독일, 이탈리아처럼 음악으로 세계여행을 하듯 자료를 모으거나 음악가별로 스크랩북을 만들어서 두고두고 보며 이야기를 하는 것은 생각만으로도 흐뭇한 일입니다.

05

바쁜 부모를 위한 잠자리 의식과 주말 활동

지금까지 소개한 것들뿐만 아니라 부모가 평소 자녀의 목소리에 귀를 기울이고 아이들의 관심사를 관찰하면 초등 자녀와 함께 할 수 있는 가족 놀이가 많습니다. 자녀의 나이 수준과 그들의 관심사가 옮겨갈 때마다 놀이와 게임도 조정해가며 진행한다면 자녀가 중고등학생이 되기 전까지, 혹은 그 이후에도 소소하게 함께 웃을 수 있는 시간을 만들고 누릴 수 있어요. 이번 장의 서두에 밝혔듯이 가족 놀이를 위해 일정한 시간을 일과에 포함하는 것이 좋습니다. 직장이나 사업으로 매우 바쁜 부모의 경우, 잠자리에 들기 전 잠시 자녀의 손에 로션이나 오일을 발라주며 "사랑해, 사랑해, 오늘도 애썼어. 내일은 더 좋은 날이 될 거야. 잘자, 사랑해."라고 말해 주는 잠자리 의식을 매일 가지는 것도 스킨쉽과 축복의 언어가

담긴 특별한 시간이 될 수 있어요.

주중에 따로 시간을 내기 어려운 아빠라면, 주말 중 하루 정해진 시간을 아이들과 야외 활동을 하며 짧고 굵은 가족 놀이시간을 가질 수 있습니다. 운동을 좋아하는 아빠라면 딸, 아들을 구분하지 말고, 자녀의 나이에 맞으며 본인이 가장 잘 가르쳐줄 수 있는 종목을 정해 꾸준히 함께 하면 정말 좋아요. 자녀의 수준에 맞게, 기술의 향상 속도에 맞춰 말이죠. "이기고 지는 것이 중요하지 않고 이 시간에 아빠와 너희들이 함께 운동, 게임 하며 좋은 추억을 만드는 것이 정말 큰 기쁨이다. 너희가 더 큰 뒤에 이 기억이 큰 자산이 될 것이다. 함께 할 수 있어서 기쁘고 고맙다." 라는 표현을 종종 해주면 아이들에게는 이 시간을 가지는 목적이 더욱 분명해질 것입니다. 자녀가 여러 명일 경우, 기술이 부족한 어린 동생들을 인내하는 태도로 운동, 게임에 임하는 큰 자녀를 바라보는 기쁨과 어린 자녀의 기술이 늘어가는 모습도 볼 수 있으니 쉬고 싶은 주말에 자리를 박차고 일어나 시간과 사랑을 투자해볼 만한 일이죠.

자녀와 좋은 관계를 맺고 유지하기 위해 가족 놀이를 하는 시간이 어려서부터 조금씩 쌓인다면 꾸물거림은 물론, 자녀의 문제행동을 교정하고 바르게 가르치는 훈육의 시간이 더욱 부드러워질 것입니다. 관계를 위한 가족 놀이의 시간을 꼭 기억해주세요!

FIVE

5

문제를 예방하는 대화 시간

자녀의 행동목적과 욕구를 파악하고
대처하는 방법을 배우고 익혀서,
가족 간에 서로를 향해
상처 주는 말과 행동을 하는 것을 방지하는
지혜로운 대화의 시간을 가져보시길 바랍니다.

앞 장에서 부모·자녀의 끈끈한 유대관계를 만들고 유지하기 위해서는 가족 놀이시간이 있어야 한다고 소개했습니다. 이번에는 가정 안에서 일어날 만한 일이나 이미 여러 번 일어나서 부모와 자녀가 해결책을 찾고자 하는 상황들에 관한 대화의 시간으로 안내하려고 해요. 자녀의 행동목적과 욕구를 파악하고 대처하는 방법을 배우고 익혀서, 가족 간에 서로를 향해 상처 주는 말과 행동을 하는 것을 방지하는 지혜로운 대화의 시간을 가져보시길 바랍니다. 격려와 가족회의를 통해 가정에서 자주 일어나는 문제들을 예방하는 방법도 함께 소개할게요. 일상에서 쉽게 해볼 수 있는 것들이니 부모와 자녀가 모두 이전보다 더 좋은 선택을 하고, 화목한 가족 분위기를 만들고 유지하면 좋겠습니다.

문제를 예방하는 지혜로운 대화를 하기 위해서는 다음과 같은 중요한 원칙을 기억할 필요가 있습니다.

1. 부모와 자녀 모두에게 중요한 것을 목표로 합니다.
2. 작은 것을 목표로 합니다. 목표는 쉽게 성취할 수 있는 작고 간단한 행동이어야 합니다.
3. 구체적이며 명확한 행동을 목표로 합니다. "행동"이라는 것이 중요합니다.
4. 목표를 문제행동 제거에 두기보다는 원하는 긍정적인 행동의 시작에 두는 것이 바람직합니다. "문제행동 대신에 어떤 좋은 행동을 할지" 생각

하고 말하는 것을 뜻합니다.

5. 지금-여기에서 시작하는 것을 목표로 합니다. 목표를 최종 결과가 아닌 처음의 시작이나 신호에 둡니다.
6. 현실 생활에서 성취 가능한 것을 목표로 합니다.
7. 목표 수행/달성은 힘들고 어려운 일이라고 인정하고 시작합니다.

가정에서 '앞으로 우리 안에 일어날 수 있는 일이 무엇이 있을까?', '비슷한 상황에서 종종 일어나서 우리를 힘들게 했던 일이라 이번에도 일어날 수 있을 만한 일이 있나?' 잠시 생각하고 대화를 나눌 수 있습니다. 자녀에게 "우리 …에 대해 함께 생각해보자", "우리 종종 --- 일로 마음 상할 때가 있었잖아. 또 그러면 어쩌지? 미리 약속을 정하고 지켜보면 어떨까?"라고 말할 수 있겠지요.

이때 부모는 친절하고 밝은 어조와 자녀를 존중하는 태도를 보여야 합니다. 명령조로 대화를 시작하게 되면 시작부터 이미 마음이 상하니까요. 자녀와의 대화에는 때때로 예상하지 못했던 상황이 발생할 수 있습니다. 그럴 때조차도 '너는 바르게 생각하고 잘 판단할 수 있다. 적절한 행동을 할 만한 능력을 갖춘 존재란다.'라는 부모의 믿음을 전달해 주세요. 자녀에게 '우리가 너를 믿고 있다, 그래서 지지하고 대화하고 예방하기를 원한다. 다음에는 다르게 행동해서 좋은 결과가 있을 것이라 믿고 기대한다.'라는 것을 언어와 비언어로 전달하는 것이 대화의 전부라고 생각해도 과언이 아닐 겁니다.

자녀와 대화 중에 “그러니까 우리가 … 하는 것에 같은 마음이니?”, “그 생각 좋다.”, “너의 그 의견이 마음에 든다.”, “나는 네가(너희가) 즐겁고 안전하게 지내기를 바란다”와 같은 표현을 사용하시길 권해드려요.

부모와 자녀가 가정에서 문제 예방을 위해 함께 할 수 있는 방법 몇 가지를 소개합니다. 자녀의 나이와 가족의 상황에 따라 매일 하실 수도 있고, 필요에 따라 선택해서 실천해보는 것도 괜찮습니다. (15~20분 내외)

01

격려

격려는 칭찬과 다릅니다. 칭찬은 잘하거나 성공했을 때 주어지는 것이지요. 그러나 격려는 조건 없이 모두에게 주어집니다. 꾸물거림 및 다른 문제행동으로 지속적인 부정적 피드백(부모의 지적이나 꾸짖음)을 경험한 자녀에게 격려를 통해 용기를 북돋아 주는 대화를 해보세요. 부모와 갈등이 많았던 자녀도, 평소에 관계가 좋은 자녀도, 모두 부모의 격려가 필요합니다. 자녀는 부모의 격려를 먹고 자라는 존재니까요.

들어가며	자녀의 문제행동에 신경 쓰기보다 자녀의 존재 자체를 귀하게 여기고, 평소에 받은 격려가 자존감을 높여 용기를 가지고 바른 행동에까지 이어지도록 안내하는 것이 목적입니다. 자녀에게는 이 목적을 설명해주지 않으셔도 됩니다.	1~2분
격려	부모가 먼저 자녀를 격려하는 모습을 모델로 보여줍니다. 처음에는 쑥스러워서 웃고 미적거릴 수 있어요. 그 모습까지도 자연스럽게 수용하고 즐겁게 웃습니다. 한 사람에게 가족이 모두 격려를 몰아주고, 그다음으로 넘어가는 방식도 좋습니다.	10분
정리	4~5글자로 소감을 말해봅니다. 예) 웃기고좋아(5글자), 웃다가끝나(5글자), 너무좋아(4글자)	5분

02

문제행동 이유 찾기

문제행동의 목적/욕구 4가지(소속감, 힘, 보호, 물러서기)를 살펴봅니다. 한 번에 다 설명하고 숙지하려 하지 말고 하루에 한 가지 욕구로 나누어도 되고, 매일 짧게 이 프로그램을 하는 것도 좋습니다. 자녀의 행동을 이해하기 위해 어떤 원인으로 그런 부적절한 행동을 했는지 알아내려고 과거를 파헤치는 것은 변화무쌍한 양육 현장에서 도움이 되지 않는 경우가 많습니다. 행동에 영향을 미치는 요소와 둘러싼 환경과의 관계 등을 모두 찾아서 살펴보는 것은 현실적으로 불가능하기 때문입니다. 그리고 중요한 것은 자녀는 자신의 목적과 욕구에 따라 행동을 선택할 수 있는 존재라는 것입니다. 그런 자녀의 행동을 이해하기 위해 “행동목적, 목표는 무엇인가?”, “이 행동을 통해 무엇을 얻고자 하는가?”를 생각해보아야 합니다. 소속감, 힘, 보호, 물러서기, 이 네 가지 굵직한 목적/욕구에 따라 자녀의 행동이 좌우될 수 있으니 자녀의 바람직하지 않은 행동을 만나면 먼저 부모의 감정이 무엇인지 살펴봐 주세요.

부모가 먼저 자녀의 행동목적을 아는 것이 중요한 것은 더 강조할 필요가 없겠지요? 자녀의 문제행동에 매번 감정적으로 반응하는 부모는 존경받기 어려우니까요. 이 문제 예방 대화의 시간은 연습이 필요합니다. 한 번에 다 가르쳐주고 '이제 알았으면 고치자!'라고 하는 것이 아니고요, 저학년 때부터 "아빠 엄마에게 그렇게 한 이유가 뭘까? 정말 원하는 건 뭐였어?"라고 물어보는 시간을 가지면 좋습니다. 그런 질문에 익숙해지다가 자녀가 고학년쯤 되면, 이제 본인의 문제행동 이유를 스스로 알아서 예방하고 다음에는 더 나은 선택을 할 수 있을 거예요. 물론 아닌 경우도 많습니다. 아시잖아요, 100% 예방되는 문제들은 없다는 걸요. 그래도 꽤 많은 것들이 걸러질 수 있으니 자녀의 네 가지 행동목적과 욕구를 부모가 먼저 충분히 숙지하고 자녀와 대화를 나누어 보는 것도 좋답니다.

자녀의 네 가지 행동목적

소속감 01

자녀의 욕구

- 인간의 기본적인 욕구.
- 신체적이든 감정적이든 타인과 접촉하고 그곳에 속한 사람이라는 존재감을 가지고 싶은 욕구

문제행동

- 부당한 관심끌기

행동예시

- 징징거리기
- 했던 말을 반복하거나 자꾸 선생님이나 친구들을 부르는 등의 언행

부모의 감정

- 짜증난다

힘 02

자녀의 욕구

- 자신의 환경에 영향력을 끼치고 주도권을 가지고 싶어 하는 욕구

문제행동

- 반항

행동예시

- "됐어", "안 해"
- 때로는 욕이나 거친 말.
- 발을 쿵쿵 구르며 요란한 소리를 내며 걷기.
- 문을 쾅 닫는 행동.

부모의 감정

- 화가 난다

보호 03

자녀의 욕구

- 외부의 신체적, 심리적 공격으로부터 자신을 보호하려는 욕구

문제행동

- 앙갚음
- 복수하기

행동예시

- 부모에게 상처 주는 말과 행동하기

부모의 감정

- 속상하다

자녀의 욕구

- 하던 일이나 생각을 멈추고 잠시 뒤로 물러나서 쉬고 싶은 욕구

문제행동

- 과도한 회피

행동예시

- "못해요. 안 해요"
- "00이가 해주면 안 돼요?"
- "난 안 해 봤는데…"
- "몰라요"
- 기 꺾인 표정 및 무반응으로 일관하기

부모의 감정

- 무기력하다

문제행동의 이유를 찾아보기

들어가며

자녀에게 4가지 목적/욕구를 설명합니다. 본인이 그동안 자주 하던 문제행동이 어디에 해당하는지 스스로 생각해 볼 수 있게 안내합니다.

문제행동 이유 찾기

자녀가 자신이 꾸물거리게 되는 이유를 4가지 목적과 욕구 중 해당하는 것이 있는지 스스로 생각해보도록 기다려줍니다. 이때 재촉하거나 "뻔하잖아", "너도 알잖아.", "알지 않아?" 등의 불필요한 말은 하지 않고 편안한 분위기에서 생각할 수 있도록 해주면 좋습니다.

자녀가 이유를 생각할 때, 부모도 평소 자녀의 문제행동들과 그때마다 부모가 경험한 감정들을 함께 생각하는 시간을 가지게 되겠지요.

소감 나누기

문제행동의 목적/욕구를 알게 된 자녀가 본인의 마음을 노래로 표현해보거나 노래 제목을 이야기합니다.

예) 선우정아 "도망가자", 비오 "문득"

03

함께 분명한 한계를 설정하기

들어가며

감정은 수용 받을 수 있으나, 그릇된 행동은 수정할 필요가 있음을 설명합니다. 존재는 귀하게, 행동은 바르게!

한계 설정

꾸물거림(다른 문제행동들도 가능)과 그에 따른 가족 안에서 주고받는 언어와 행동 중 고쳐야 할 것이 있다면 그에 따른 한계를 정하고 다른 대안에 대해 말해봅니다.

예) 동생이 밥 먹을 때 꾸물거려서 학교에 늦을 것 같다고 화를 내며 크게 소리를 지르는 큰 아이 → 동생이 아침에 밥 먹고 등교하는 것을 기다리는 게 많이 힘들지? 그때 소리를 지르는 것 외에 다른 좋은 방법이 있을까?

정리

함께 한계를 설정한 것을 복기하고 정중하게 의사 표현을 한 자녀를 칭찬합니다.

04

연습하기

자녀는 자기 일을 스스로 선택하고 잘 해낼 때 자신감이 생기고 자존감이 높아집니다. 자존감이 높은 사람은 용기 있게 바람직한 행동을 선택할 수 있다는 것을 잘 아실 거예요. 그동안 선택했던 문제행동을 지적하거나 꾸짖었던 방법들 대신 긍정적이고 실천 가능한 행동을 선택하여 자꾸 해보는 시간을 가지도록 지도해 주세요. 자녀의 강점에 집중해서 이 활동을 여러 번 하다 보면 어느 날 문득 변해있는 부모와 아이의 모습을 발견하실 수 있을 겁니다.

BANK 기법

자녀의 문제행동보다 강점에 초점을 맞추는 과정입니다.

B (baby step)

자녀가 배우고 익혀야 할 바람직한 행동을 작은 단계로 나눕니다. 아기가 걸음마 배울 때처럼 말이죠.

A (acknowledge)

자녀가 현재 잘하는 부분은 인정합니다. 1-10을 기준으로 놓고 볼 때 부모가 기대하는 수준은 8이지만, 현재 자녀는 거기까지 미치지 못하고 5 정도일 수 있어요. 그렇다면 "8까지 올 수 있다. 할 수 있어, 힘내!"라고 하기보다는, 바로 다음 단계인 6으로 한 단계 나가길 기대하고 격려하는 것이 좋습니다. 그리고 자녀의 행동이 5에서 6으로 한 단계 나아졌다면, 그 한 단계 좋아진 것을 반드시 칭찬하고요. 그때 부모가 생각했던 기준인 8을 말할 필요는 없습니다.

N (nudge)

멈추지 않고 다음 단계로 갈 수 있도록 조금씩 힘을 주는 것입니다. 지나치게 비현실적인 욕심을 내거나 금방 좋아지길 바라며 압박하지 않아야 합니다. 아주 조금씩 나아질 것을 믿고 계속 격려하고 바라봐주세요.

K (keep encouraging)

자녀가 긍정적인 선택과 변화의 행동을 보일 때마다 “와, 대단하다”, “잘하고 있어”와 같은 감탄의 반응을 해주며 계속 앞으로 나아가도록 격려합니다.

이와 같은 방법을 자녀와 작은 행동/주제를 선택해 매일, 매주 해보시길 추천해 드려요.

연습

꾸물거림 이슈 가운데 (식사나 간식 시간, 공부, 약속 지키기) 하나를 선택해서 자녀가 자신이 있는 지점을 숫자로 이야기할 수 있게 설명해주세요. (1-10)

자녀가 선택한 지점의 다음 단계(6이라면 7, 4라면 다음인 5)로 나가기 위한 바른(좋은) 행동 하나를 선택하도록 합니다. 이때 그 행동은 바로 실천이 가능한 것이어야 해요.

자녀가 선택한 행동이 바로 실천에 옮기기 어려운 것, 현실감각이 부족한 것이라면 보다 구체적으로 좁혀나가도록 함께 도와줍니다.

물론 자녀가 단번에 부모가 만족할 만한 행동을 선택하기 어려울 수 있습니다. 연습하고 다음번에 다시 실행해도 또 같은 그릇된 행동을 반복할 수 있어요. 그러나 이때 결과보다 과정에 초점을 맞추고 이렇게 배우고 자라남을 부모와 자녀 모두가 아는 것 또한 중요한 과정입니다.

정리

부모와 자녀 모두 자신의 기분이 어떤지 말해봅니다. 평가하지 말고 상대의 말에 고개를 끄덕여줍니다.

05

실수 회복하기 3R

Recognize (인정하기: 실수 깨닫기)
Reconcile (사과하기: 미안하다고 말하며 사과하기)
Resolve (해결하기: 관련된 사람들과 함께 해결하기)

들어가며

사람은 누구나 실수할 수 있으나 건강한 공동체 생활과 자신의 성장을 위해 그 실수를 잘 회복하는 것이 중요함을 가르쳐줍니다. “실수했을 때 비난이나 벌이 반드시 따라온다면 우리 중에 실수를 인정하고 사과할 수 있는 사람이 있을까?”, “우리가 함께 생활하며 실수했을 때, 우리를 도와주고 해결책을 함께 찾아갈 사람이 있다는 걸 안다면 우리는 그 실수를 인정하고 책임질 수 있을까? 네 생각은 어떠니?"와 같은 질문으로 시작하면 좋고요. 실수를 인정하고 진정성 있게 사과한 뒤 해결해나가면 비난이나 벌을 받지 않는 것을 경험하는 과정입니다.

한두 번 해본 뒤에는 "우리 전에 자기 실수를 인정하고 사과한 뒤 해결책을 찾아갔던 그 방법으로 이 일을 해결해보자."라고 운을 뗄 수 있습니다. 큰 문제가 발생하지 않았더라도 그날 하루 서로 마음 상한 것이 있다면 다음번에 같은 문제가 일어나지 않도록 예방하기 위해 해보면 더 좋습니다.

실수 회복하기

첫 시작은 부모가 모델을 보여주거나 설명해주시면 좋습니다.

인정하기

"아빠/엄마가 어제 오후에 동생을 데리러 가야 해서 평소보다 좀 더 빨리 정리하고 준비해야 한다고 생각했단다. 그러다 보니 마음이 급해서 순간 네가 간식 먹고 빠르게 정리하지 못한다고 짜증이 났어. 짜증 내며 말하는 것보다 동생을 데리러 가는데 늦을까 봐 걱정되고 마음이 급하다고 너에게 말했더라면 좋았을 텐데 말이야."

사과하기

"미안하다.", "그건 좋은 방법이 아니었어, 미안해."

해결하기

"그런 상황에서 아빠/엄마는 자꾸 짜증 내며 말하게 되는데 이걸 잘 해결하는 방법에 뭐가 있을까? 간식 먹고 정리하는 게 늦어져서 동생에게 가는 시간이 늦어질 것 같으면 아빠/엄마는 마음이 급해져서 자꾸 그렇게 짜증을 내게 되네. 아빠/엄마 혼자서는 해결하기가 어려워."

부모의 예시에 아동들이 어떤 느낌이었는지 묻고 그 답을 들어보세요. 처음은 그 정도로도 괜찮습니다.

소감 나누기

솔직하게 인정-사과-해결책 찾기의 순서로 부모가 말했을 때 자녀는 어떤 마음이 들었는지 물어보세요. 자녀가 자신의 실수를 같은 순서로 정중하게 말했다면, 부모가 어떤 마음이 들었는지도 다정하게 말해 주세요.

06

회의하기

부모와 자녀가 조금 시간 여유가 있어서 편안하게 대화할 시간이 있다면 꾸물거림을 비롯한 다양한 문제들을 다루는 가족회의를 제안합니다. 매일 그날의 주제나 불편했던 점을 이야기 나눌 수 있으면 좋지만, 주 1~2회 정도도 무방해요. 가족마다 상황에 맞게 시간을 늘려 주말에 긴 가족회의를 하시는 것도 매우 좋습니다.

이때 주의할 점은, 부모와 자녀 간에 서로 비난하거나 가르치려고 드는 말을 하지 않아야 한다는 것입니다. 형제자매 안에서도 비난의 말이 오가거나 언성이 높아진다면 부모는 다음과 같이 제지할 수 있어요. "지금 이런 말과 태도가 우리에게 도움이 되는 걸까?", "지금 이 시간이 서로 돕기 위한 것인지 상처를 주려는 것인지 다시 생각해보자."

회의를 위해서 다음의 규칙들을 기억해주세요.

- 원으로 둘러앉기
- 서로 감사하고 칭찬하기
- 안건을 이야기하기
- 존중하는 언어 사용하기
  - 욕설 금지
  - 고성 불가
- 서로가 다르다는 것을 인정하기
  - 꾸물거리는 사람이 가족 중에 있을 수 있다.
  - 밥을 늦게 먹을 수 있다.
  - 옷을 입는 속도가 느릴 수 있다.
  - 반응이 느린 사람도 있다. 등등
- 브레인스토밍
  - 한 사람이 말할 때 끊고 말하지 않는다.
  - 가족 구성원 누구나 자신이 하고 싶은 말을 끝까지 다 말할 자격이 있다.
- 소속감/힘/보호/물러서기 목적과 욕구를 이해하고 회의 중 사용하기
- 문제보다 해결에 집중하기
- 필요하다면 이때 역할극 해보기

예) 부모가 꾸물거리는 자녀 역할을 맡습니다. 안건에 올린 문제행동이나 상황을 역할극으로 표현한 후 “내가 00이 (꾸물거리는 문제행동을 하는 자녀) 입장이 되어 보니 공부할 때 빠르게 정리하고 바로 집중하는 게 어렵더라. 정리하는 건 좀 도움이 필요할 것 같아. 그러면 집중이 조금 더 잘 될 거야.”라고

설명합니다. 꾸물거려서 자주 지적을 받던 자녀가 부모나 다른 형제자매의 역할을 하며 자신을 기다리느라 답답하거나 재촉하는 가족들의 심정이 어떤지 경험한 후 말해보아도 좋습니다.

07

격려표 & 긍정적 나 전달법

격려표와 나 전달법은 부모가 자녀를 위해 수첩이나 다음에 나오는 표에 적어가며 해볼 수 있습니다.

1. 격려표

매일 자녀가 보여준 긍정적인 행동을 찾아내서 격려하면 어떨까요? 자녀가 보여주는 긍정적인 언어와 행동은 대단한 것이 아니고요, 평소 불평이 많거나 문제행동을 자주 보인 자녀가, "고맙습니다.", "미안합니다"라는 표현을 정확하게 잘했다면 그것이 긍정적인 언행입니다. 그때 놓치지 않고 순간 포착해서 격려해주시면 부정적인 언행을 고치기 위해 열 번 가르치는 것보다 효과적일 수 있죠. 그 변화를 부모가 고맙게 여긴다고 자녀에게 알려주세요. 부모 눈에 아이의 실수는 정말 잘 보입니다. 마음에 안 드는 행동들은 순간 포착이 정말 잘 되지요. 반면 자녀가 하는 괜찮은 언행을 볼 때는 '당연히 그렇게 해야지. 웬일로 잘했네.'라고 생각하기 쉽습니다. 마음의 눈을 크게 뜨고 자녀의 좋은 말과 행동을 순간 포착해서 격려해주세요. 당연한 것은 없습니다. 고마운 일이 있을 뿐이지요.

다음 표에 자녀의 긍정적인 언행과 부모가 표현한 격려의 말이나 행동을 적어주세요. 그때 자녀의 반응이 어땠는지, 당장은 아니어도 시간이 좀 지나서라도 변화가 있었다면 이 페이지를 다시 찾아 적어주세요. 때로는 생각하지 못했던 놀라운 결과를 보실 수 있습니다.

자녀이름	자녀의 긍정적인 행동	격려의 말과 행동	자녀의 반응	추후 변화

2. 긍정적 나-전달법

자녀가 아주 작은 긍정적 변화를 보일 때, 혹은 부모의 마음에 흡족하지는 않더라도 문제가 해결되었을 때, 다음 네 가지를 담아 자녀에게 긍정적인 메시지를 전달해보세요.

- 부모의 마음에 들고 좋았던 점을 아동에게 말해 줍니다.
- 부모가 느낀 점을 자녀에게 말합니다.
- 그 이유를 자녀에게 말합니다.
- 고마움, 기쁨을 담아 자녀에게 무언가를 해줍니다.

간단하고 논리적으로 표현해주세요. 중요한 점은, 물질이나 과도한 칭찬이 아니라 부모와 자녀 모두에게 좋은 (win-win) 것을 제공하는 것입니다. 때로는 이런 메시지 전달이 어려운 과제로 느껴질 수도 있습니다. 해보지 않은 일들이라 다소 낯설 수 있으니까요. 먼저 예문을 읽어보시고 다음과 같이 적어서 한두 번 해보세요. 처음은 어색하지만, 자꾸 하다 보면 자연스럽게 나와서 스스로 놀라기도 한답니다.

00이가 오늘 간식 먹고 난 자리를 깨끗하게 정리해서 정말 기쁘다. 너무너무마음에 드네. 아빠/엄마가 돌아다니지 말고 앉아서 간식을 다 먹고 자리 정돈까지 하는 것이 중요하다고 말했던 걸 기억하고 바로 했구나. 아, 아빠/엄마가 정말 기분 좋고 고맙다. (왜냐하면) 간식 먹고 치우지 않은 것을 밟아서 집이 엉

망이 된 경험이 좀 있었잖아. 정리하라고 말해도 계속 앉아있거나 "나중에 할게요."하고 하지 않아서 아빠/엄마가 몇 번 이야기하다가 서로 마음 상한 적도 있었고. 그런데 오늘 간식 먹고 정리까지 한 번에 딱 끝나서 너무 좋고 시간 여유도 있네. 일주일 동안 계속 이렇게 좋은 태도를 유지해서 금요일에는 네가 제일 좋아하는 간식 000을 먹는 건 어떨까?

자녀의 행동 중에서 최근 나아진 행동을 적어봅니다.

그 행동에 대해 다음과 같이 긍정적인 나-전달법으로 하고 싶은 말을 전해보세요.

"나는 00이가 ____________________ 하는 점이 기쁘다. 마음에 든다."

(그래서) "나는 __________________ 기분이 든다."

(왜냐하면) "___________________ 하기 때문이야."

"자, 네가 ____________ 했으니, 우리 _____________ 하면 어떨까?"

긍정적 나-전달법은 평소에 하던 칭찬보다 더 깊이 자녀에게 울림을 줄 수 있습니다. '엄마, 아빠가 나를 이렇게 생각하시는구나. 부모님이 나를 이렇게 인정하시는구나. 내가 좀 컸나 보다. 내가 달라진 걸 보고 계시고, 잘 아시는구나. 나는 하면 되는 녀석이구나. 나는 좀 괜찮은 아이인가 보다.'라는 자신에 대한 긍정적인 이미지가 남을 수 있는 메시지 전달법입니다.

S I X

6

부모의
자기돌봄

고통을 주는 생각을 멈추고
자신의 내면을 깨닫고 위로할 수 있는 자기 돌봄은
쉬운 듯하지만 쉬운 일이 아닙니다.
부정적인 생각과 감정의 패턴을 끊고
진짜 '나'를 만나기 위해서는
지속적인 연습이 필요합니다.

01

부모의 상처

1. 자녀와의 관계에서 오는 상처

아이들이 깨서 잠들기 전까지 여러분의 가정을 한 번 떠올려보세요. 아침부터 일어나지 않는 아이와 실랑이 하는 모습, 식탁에 앉아 밥알을 세고 있는 아이의 모습, 해야 할 과제는 하지 않은 채 책상에 앉아 계속 딴짓하는 아이의 모습 등 아주 다양한 일상의 모습들이 떠올랐을 텐데요. 아이들의 꾸물거림은 일상에서 늘 있는 일이다 보니, 부모들은 매일 스트레스에 노출되어 있다고 해도 과언이 아닐 것입니다.

대부분 부모님은 아이의 꾸물거리는 행동을 볼 때 슬슬 기분이 안 좋아집니다. 그래도 아이가 움직일 것이라는 기대감으로 기다리고 참지요. 그러다가 기다림의 시간이 길어지면 지시를 하게 되는데, 이때 아이가 대답만 하고 행동을 하지 않는다거나 귀를 닫고 반응을 하지 않게 되면 '화'가 납니다.

아마도 부모들이 아이의 꾸물거리는 행동에 대해 가장 먼저 느끼는 감정은 '화'일 것입니다. 화 외에도 다양한 감정을 경험하게 될 텐데요. 예를 들어, '네가 나한테 어떻게 이럴 수 있어?'라는 섭섭함을 느낄 수도 있고, 내 말이 먹히지 않는 것에 대한 무력감을 느낄 수도 있습니다. 또는, '내가 아이를 잘 못 키워서 그런 건 아닐까?'라는 생각 때문에 무능력감을 경험할지도 모르고요.

이런 감정이 올라오면 자연스럽게 아이를 바라보는 눈빛이나 목소리가 달라질 수밖에 없고 거친 행동이나 말이 나갈 수밖에 없지요. 시간이 지나고 난 뒤에 부모들은 그런 자신을 되돌아보면서 자책을 하게 되거나 죄책감을 느낄 수도 있습니다. 자신이 부족하다고 느껴 힘들어하는 부모들도 많고, 부모 역시 아이를 양육하는 과정에서 상처를 경험합니다.

2. 배우자와의 관계에서 오는 상처

부부의 자녀 양육의 철학과 방법이 일치하는 것은 거의 불가능한 일입니다. 서로 다른 환경에서 자랐기 때문에 자녀를 양육하는 데 있어서 중요하게 생각하는 것이 다르고, 자녀를 양육하는 태도가 다를 수 있습니다. 예를 들어 아빠는 아침에 아이가 늦잠 자는 것을 허락하지 않지만, 엄마는 늦잠에 대해 허용적일 수 있지요. 늦잠은 아빠가 없을 때만 가능한데 가끔 아빠가 있을 때 아이를 그냥 자게 내버려 두라고 엄마가 말을 한다면 작은 말다툼이 일어날 수도 있어요. 이런 일은 아주 사소한 일처럼 여겨지지만, 부부가 서로 의견이 다르면 갈등이 생기게 되고 심하면 서로에게 날이 선 비난의 말을 하게 되기도 합니다.

어떤 가정의 남편은 자녀 양육에 관여하지 않다가 자녀가 어떤 문제행동을 보이게 되면 '애를 어떻게 키웠길래'라는 말로 아내를 비난하기도 합니다. '공부가 뭐가 중요하냐?'는 배우자와 '세상 돌아가는 물정을 모른다며 모르면 가만히 있지.'라는 배우자 간의 갈등도 만만치 않죠. 자녀 양육에 대한 이슈만 나오면 이혼까지 생각할 정도로 골이 깊어지는 부부도 있습니다.

이런 갈등을 겪고 있는 부부들의 내면을 들여다보면 대부분 자기 안에 해결되지 않은 '불안'이 있음을 봅니다. 이러다가 아이가 잘 자라지 못할까 봐, 따돌림을 당할까 봐, 자기 길을 찾아가지 못할까 봐, 행복하게 살아가지 못할까 봐 등 여러 가지 불안의 이유가 있겠죠. 배우자에게 비난의 말을 하기 전에 먼저 자신의 불안을 가만히 들여다보는 것이 필요해요. 혹시 나의 어린 시절의 경험이 그런 불안을 만들어낸 것은 아닌지 살펴봐야 합니다. 자신의 불안을 좀 거두고 상대를 바라보면, 민감하게 부딪쳐왔던 이슈를 예전과 다른 방식으로 다룰 수 있기 때문입니다.

3. 높은 목표에서 오는 상처

자녀를 양육한다는 것은 결코 쉬운 일이 아닙니다. 아이마다 기질, 성향, 강점과 약점이 모두 다르므로 시행착오를 거칠 수밖에 없으며, 나와 아이의 욕구가 다르므로 갈등이 일어날 수밖에 없어요. 이점을 먼저 인정해야 합니다.

그런데 우리는 '좋은 엄마'에 대한 환상을 가지고 있는 듯해요. 아이가 나를 화나게 만들어도 친절하게 말하고 타이를 수 있는 엄마이기를 기대하고, 언제나 아이와 잘 놀아주는 엄마이기를 기대합니다. 하지만 그게 어디 쉽던가요? '좋은 엄마'라는 비현실적인 양육 목표들을 설정하면 좌절감을 앞당길 뿐입니다. 그리고 자신에 대한 부족감으로 늘 죄책감에 시달리게 되고요. 현실적인 목표를 갖는 것이 중요합니다.

위니컷은 아이에게 '충분히 좋은 엄마 good enough mother'라는 안전한 환경이 제공되면 아이가 자신의 잠재력을 잘 발달시키고 건강하게 자란다고 했습니다. 여기에서 '충분히 좋은 엄마'란 '완벽한 엄마'가 아니라 '이 정도면 괜찮은 엄마'입니다. 우리는 매 순간 아이의 욕구를 이해하고 정확하게 반응해줄 수 없어요. 중요한 것은 부모로서 아이의 욕구를 이해하고 조율하려고 노력하는 태도예요.

여러분은 아이에게 어떤 기대를 하고 있나요? 정리 정돈, 학교 공부, 친구 관계 등 모든 면에서 완벽하기를 원하시나요? 이런 비현실적인 목표는 부모와 아이 모두에게 상처가 됩니다. 부모는 본인의 욕구가 아이에게 어떤 영향을 미치는지 알고 그 욕구를 아이를 통해 채우고자 하는 마음을 내려놓으려 노력해야 합니다. 여러분은 아이를 통해 어떤 욕구를 채우려고 하나요? 완벽함, 존재감, 가치감…. 이런 욕구에서 나오는 비현실적인 양육 목표 대신 실현 가능한 목표를 세우는 것이 부모와 아이 모두를 위해서 좋습니다.

4. 잊히지 않는 상처

자녀나 배우자와의 관계 속에서 일상의 상처가 계속 반복되다 보면 정신적 외상을 입게 됩니다. 데이비드 말란 David Malan 등은 대인관계, 특히 부모나 친구 등 중요한 관계에서 자신감이나 자존감을 잃게 만드는 일상의 경험이 외상이 될 수 있다고 했죠. 이렇게 반복되는 작은 상처들은 개인 정체성의 일부가 됩니다. 예를 들어, 지시를 무시하는 아이들의 행동이나 배우자가 무심코 던지는 반복되는 말이 듣는 이에게 '나는 무능력해', '나는 부족해'라는 정체성을 남기게 될 수도 있어요.

이런 상처들은 삶의 구석구석에 영향을 미치게 되며, 잊히지 않은 채 마음속에 저장됩니다. 이후에 유사한 경험을 하게 되면 이전의 부정적 감정들이 되살아나 고통스러울 수밖에 없죠. 그래서 우리는 평소 관계 속에서 입은 작은 상처들을 외면하거나 무시하지 말고 잘 돌봐야 합니다.

초등학생과 유치원생 자녀를 둔 부부의 자녀 양육 갈등 사례를 살펴볼게요. 아내는 아이들이 아침밥을 먹는 것을 힘들어해서 빵이나 시리얼 등 간단하게 먹을 수 있는 것을 차려주었습니다. 그런데 남편은 이런 아내의 태도가 늘 못마땅해서 '게으르다.', '아이들에게 신경 좀 써라.', 심지어 '엄마가 맞냐?'라는 말로 아내를 비난했어요. 이런 남편의 비난은 아내에게 상처로 남아서, 아내는 작은 실수에도 '부족한 엄마'라고 자책하며 아이들 양육에 자신감을 잃었습니다. 다행히 부부는 상담소를 찾았고, 상담 과정에서 아내는 남편이 초등학교 1학년 때 부모가 이혼해서 부모의 돌봄을 받지 못했다는 것을 알게 되었어요. 남편의 이야기를 들으면서 아내는 남편을 이해하게 되었고, 남편 역시 자신이 왜 그토록 아침밥을 중요하게 생각하게 되었는지 알게 되면서 더는 아내를 비난하지 않게 되었습니다.

아이를 양육하는데 지속해서 영향을 미치는 상처가 있다면 그것 먼저 다루는 것이 필요해요. 전문적인 도움이 필요하다면 심리상담 관련 서적을 읽거나 상담을 받아보시기를 권합니다.

02

부모의 자기 돌봄

1. 나의 몸 돌보기

몸의 소리 듣기

일상에 쫓기듯 살아가다 보면 좀 쉬어달라고 몸이 신호를 보낼 때가 있습니다. 그제야 우리는 '내가 나를 혹사하고 있었구나.', '내가 지금 많이 지쳐있구나.'라는 생각을 하죠. 몸은 우리 마음과 연결되어 있어서, 몸이 아프거나 지치게 되면 우리의 마음도 가라앉고 우울해질 수 있답니다.

평소 내 몸의 소리에 귀 기울이고 몸의 필요를 채워주는 습관을 길러보세요. 그러다 보면 여러분의 마음도 함께 좋아질 거예요. 아무에게도 방해받지 않는 공간과 시간이 있다면 더욱 좋습니다. 조용히 앉아서 숨을 깊이 들이마시고 내쉬면서 발끝에서부터 머리까지 천천히 자신의 몸을 느껴봅니다. 명상에서는 이것을 '바디 스캔 body scan'이라고 합니다. 바디 스캔을 하는 동안 자기 몸과 소통하면서 원하는 것이 무엇인지 들어봅니다. 그리고 오늘도 수고한 몸에 감사를 표현해보세요.

〈몸의 필요 채우기〉

날짜	몸의 상태	몸이 원하는 것

몸의 긴장 풀기

상담을 요청하는 분 중에 스트레스와 불안을 호소하는 경우가 많습니다. 이런 분들에게는 먼저 호흡을 통해 몸을 이완시키는 훈련을 하는데, 대부분 몸이 이완되면서 마음이 편안해지는 것을 경험합니다.

우리는 평소 숨을 가슴으로만 얕게 쉬면서 살아가는데 이는 호흡이 얕고 짧아 혈액 순환을 저해하고, 충분한 산소와 영양분을 몸의 구석구석에 전달해 주지 못한다고 합니다. 반면, 복부를 이용해서 숨을 깊게 쉬면 혈액 순환을 도울 뿐만 아니라 스트레스와 불안을 진정하는 효과가 있어요. 매일 조용한 공간에서 복식호흡을 연습해보세요.

1. 편안한 자세로 눈을 감고 몸의 긴장을 풉니다.
2. 손을 배 위에 올려놓고 숨을 쉴 때마다 배 위의 손이 오르내리는 느낌에 집중합니다.
3. 호흡은 코를 통해서 부드럽게 하는데 일부러 크고 깊게 숨을 쉬려고 하지 말고, 평소 호흡 속도를 유지하며 규칙적으로 합니다.
4. 들숨 때 배를 볼록하게 내밀고, 날숨 때 배를 살짝 밀어 넣습니다.
5. 숨을 들이쉴 때 속으로 '하나'라고 세고 잠깐 멈춘 뒤에 내쉬면서 '편안하다'라고 속으로 말합니다. 같은 방법으로 '하나'에서 '열'까지 실시합니다.

2. 나의 마음 돌보기

나의 마음 공감하기

마셜 로젠버그 Marshall Rosenburg는 '고통을 주는 것으로부터 자유로워지기 위해서는 충족되기 바라는, 밑바닥에 깔린 욕구에 집중해야 한다'라고 했습니다. 우리가 원하는 것이 무엇인지를 알아차리게 되면 이전에는 보지 못했던 것들을 볼 수 있게 되고, 마음의 평화를 이룰 수 있는 전략들을 발견하기가 훨씬 쉬워지기 때문이죠.

그렇다면 자신의 욕구를 알아차리는 방법은 무엇일까요? 가장 쉽고 좋은 방법은 내 안의 감정을 따라가 보는 것입니다. 우리가 느끼는 감정은 우리의 욕구가 충족되었는지 아닌지를 알 수 있게 해주는 지표예요. 만약 여러분이 긍정적인 감정을 느끼고 있다면 자신의 욕구가 충족되었기 때문입니다. 반대로 부정적인 감정을 느끼고 있다면 욕구가 충족되지 않았기 때문이겠죠?

감정은 우리를 내면세계로 인도해주는 안내자입니다. 아이들의 꾸물거림으로 인해 경험하게 되는 무기력감, 무능력감, 자책, 죄책감 등의 감정을 따라 내면의 길을 걸어가 보면, 우리 마음속 깊은 곳에 채워지지 않은 인정, 유능감, 성숙 등의 욕구를 만나게 되죠. 내가 진짜 원하는 것이 무엇인지 알게 되면 좀 더 나를 이해하게 되고 자신을 위로할 수 있습니다.

<나의 마음 일기장>

날짜	나의 감정	숨겨진 욕구

<감정목록>

미움

아연실색한 • 반감이 가는 • 싫어하는 • 마음 내키지 않는 • 불쾌한 • 지겨워진 • 메스꺼운

슬픔

우울한 • 낙심한 • 풀이 죽은 • 절망한 • 의기소침한 • 낙담한 • 실망한 • 기력이 없는 • 울적한 • 침울한 • 상심한 • 비참한 • 후회하는 • 유감스러운 • 불행한

분노

화난 • 불행한 • 괴팍한 • 불쾌한 • 불만족스러운 • 격앙한 • 격분한 • 좌절한 • 노발대발한 • 격노한 • 흥분한 • 성난 • 신경질이 난 • 시샘하는 • 눈이 뒤집힌 • 기분 상한 • 분개한 • 열 받는 • 당혹스러운 • 당황한

두려움

무서운 • 걱정하는 • 우려하는 • 근심하는 • 불안한 • 공포의 • 겁에 질린 • 안절부절못하는 • 두려운 • 소심한 • 염려스러운

행복

아주 좋아하는 • 애정 어린 • 인정받는 • 하나라고 느끼는 • 즐거운 • 환호의 • 만족스러운 • 매우 기쁜 • 희열에 넘친 • 고무된 • 고맙게 여기는 • 만족한 • 유쾌한 • 기쁨에 넘치는 • 사랑하는 • 기분 좋게 놀란 • 자랑스러운

관심

명랑한 • 기대하는 • 주의 깊은 • 경외감을 가진 • 집중하는 • 흥분된 • 매혹적인 • 열중하는 • 기대하는 • 자극된

<욕구목록>

신체적/생존

음식 • 물 • 주거 • 휴식 • 수면 • 안전 • 건강 • 활력 • 신체적 접촉 • 육체적 애정 • 성적 표현 • 성욕 • 따뜻함 • 부드러움 • 편안함 • 안락함 • 돌봄 받음 • 보호받음

사회적/정서적 상호의존

주는 것 • 봉사 • 친밀한 관계 • 소통 • 연결 • 배려 • 존중 • 상호성(주고받음) • 공감 • 이해 • 수용 • 자기 이야기를 들어주기를 바람 • 지지 • 협력 • 도움받음 • 감사 • 인정 • 사랑 • 애정 • 관심 • 소속감 • 함께 있음 • 안도 • 위안 • 신뢰 • 확신 • 정직 • 진실 • 정서적 안전함 • 안정성 • 예측 가능성 • 공평함

자율성

선택 • 자유 • 자기만의 공간과 시간 • 통제 가능성 • 힘 • 용기 • 주도성

자기실현

성취 • 배움 • 생산 • 성장 • 유능감 • 효능감

놀이/재미

쾌락 • 자극 추구 • 즐거움 • 재미 • 유머

아름다움/평화/영성

성찰 • 아름다움 • 조화 • 질서 • 평화 • 여유 • 평등 • 영적 교감 • 영성

〈출처: 비폭력대화 워크북〉

마음에 상처를 받게 되면, 우리는 자신을 비난하거나 상대방을 비난합니다. 아니면 둘 다 비난하기도 하죠. 예를 들어 부모의 지시에 따르지 않아 야단을 쳤는데 아이가 대들어서 화를 냈다면, '아무리 야단쳐도 대드는 행동은 잘못된 거야.'라고 아이를 비난할 수도 있고 '아무리 화가 나도 조용히 타일렀어야지.'라고 자신을 비난할 수도 있습니다. 그런데 문제는 이런 비판적 생각은 자신을 더 고통스럽게 한다는 것입니다.

심리적 고통을 줄이기 위해서, 우리는 먼저 나와 상대를 향한 비판적 생각을 멈추고 자신의 상처를 마주해야 합니다. '이 일로 인해 참 힘들다. 마음이 아프다.'라고 인정하고 그 감정을 내 것으로 수용할 수 있을 때

자신을 돌볼 수 있어요. 앞의 예에서 '아무리 야단쳐도 대드는 행동은 잘못된 거야.'라는 비난 뒤에는 '화'나 '슬픔'이라는 감정이 있습니다. 그리고 '아무리 화가 나도 조용히 타일렀어야지'라는 비난 뒤에는 '부끄러움'이나 '수치심'이라는 감정이 있고요. 바라보고 싶지 않은 자신의 '어두운 부분'에 공감할 수 있을 때 우리는 그것으로부터 자유로워질 수 있습니다. '슬프고 상처받았구나.', '무력감과 좌절감을 느끼는구나.', '부끄러움을 느끼는구나.'라고 자신의 마음을 위로해 주어야 합니다.

고통을 주는 생각을 멈추고 자신의 내면을 깨닫고 위로할 수 있는 자기 돌봄은 쉬운 듯하지만 쉬운 일이 아닙니다. 왜냐하면, 우리 내면에서 일어나는 일들은 상당히 무의식적이고 반사적으로 나타나거든요. 의식하고 알아차리기 전에 나타나는 반응이죠. 그래서 부정적인 생각과 감정의 패턴을 끊고 진짜 '나'를 만나기 위해서는 지속적인 연습이 필요합니다. 여러분의 연습을 돕기 위해 간단하게 표로 만들어보았어요. 하루를 보내면서 여러분을 힘들게 했던 상황을 떠올리면서 자기 마음 공감하기를 연습해보시길 바랍니다.

<나의 마음 공감하기>

	생각	감정	욕구	자기공감
1	아무리 야단쳐도 대드는 행동은 잘못된 태도야	화 슬픔	존중	너는 존중을 원하기 때문에 상처를 받고 슬프구나.
2	내가 얼마나 우습게 보이면 이렇게 개념 없이 행동하는 걸까?	좌절 무력감	힘	너는 아이를 잘 훈육하는 힘이 있는 부모가 되고 싶어서 무력감과 좌절감을 느끼는구나.
3	아무리 화가 나도 조용히 타일렀어야지	부끄러움 수치심	성숙	너는 성숙한 부모가 되고 싶은 마음 때문에 부끄러움을 느끼는구나.

내면의 비판자 다루기

아이를 양육하다 보면 내면에서 '너는 부족해.', '너는 좋은 부모가 될 수 없어.'라는 비판의 소리를 듣게 됩니다. 자기를 비판하는 내면의 소리는 불청객처럼 예고 없이 불쑥 우리를 찾아옵니다. 이 불청객이 찾아올 때, 그 말에 대꾸하지 않는 것이 중요해요. 그 말에 대응하다 보면 휘둘리게 되기 쉽기 때문입니다.

이 비판자는 어린 시절부터 우리 안에 있었을 가능성이 큽니다. 어린 시절 우리는 사랑받기 위해 또는 벌을 피하고자 부모가 기대하는 바대로 살아야 했습니다. 하지만 그것은 늘 불가능한 일이었지요. 그래서 비판자는 우리에게 '너는 부족해.', '너는 더 열심히 해야 해.'라는 말을 통해 그 아이가 사랑받는 존재가 될 수 있도록 도우려고 했을지도 모릅니다.

하지만 그 소리가 더는 우리에게 유효하지 않습니다. 오히려 우리의 자신감을 꺾어버리고 열등감에 빠지게 만들기 일쑤지요. 더는 그 소리를 믿지 마세요. 믿지 않기로 결심하는 것이 중요합니다. 여러분은 있는 그대로 괜찮은 사람이에요. 부족해도 실수해도 괜찮습니다. 실수를 통해 배우면서 성장해가면 됩니다. 그 과정에서 우리는 더 큰 기쁨과 삶의 의미를 맛보게 될 거예요. 이제는 비판의 소리를 대신할 수 있는 내면의 소리를 만들어보세요. 평소 자신을 응원하는 메시지를 적어두거나 자신에게 힘을 주는 글귀가 있다면 적어두는 것도 좋습니다.

〈나를 응원하기〉

	비판의 소리	응원의 메시지
1	예) 나는 제대로 하는 게 없다. 이제까지 뭘 하고 살았는지 모르겠다.	지금까지 살아온다고 많이 애썼다. 아이들 키우며 하루하루 잘 살아가 보려고 노력하고 있잖아.
2		
3		

3. 현실적인 목표 세우기

높은 목표와 기대는 여러분을 지치게 만들고 무기력하게 만듭니다. 그래서 우리는 현실적인 목표를 세우는 연습을 해야 하죠. 먼저, 마음속에 숨어 있는 비현실적인 목표가 무엇인지 써보기를 바랍니다. 앞 절에서 언급했던 것처럼 목표에 '항상' '완벽하게' '철저히' 등의 단어가 들어가 있다면 비현실적인 목표일 가능성이 큽니다. 그것을 현실적인 목표로 바꿔 보세요.

<현실적인 목표로 바꾸기>

	비현실적인 목표	현실적인 목표
1	언제나 아이들과 잘 놀아주는 부모가 되어야 해.	하루 중 30분은 아이들과 열심히 놀아주자.
2		
3		

03

좋은 습관 만들기

1. 긍정 경험 쌓기

지금부터 두 개의 상황을 살펴보려고 해요. 여러분의 가정이나 직장이라고 생각하고 첫 번째 이야기를 읽었을 때와 두 번째 이야기를 읽었을 때 여러분 안에서 어떤 것들이 경험되는지 살펴보세요.

상황 1.

오늘 직장에서(가정에서) 동료(남편)에게 칭찬을 받아서 아주 기분이 좋습니다. 잠시 후에 아이와 이야기를 좀 하고 싶어서 말을 걸었는데 문을 꽝 닫고 들어가 버립니다. 여러분 머리에는 어떤 생각이 떠오르시나요?

상황 2.

오늘 직장에서(가정에서) 동료(남편)와 다퉈서 기분이 굉장히 좋지 않습니다. 아이와 이야기를 좀 하고 싶어서 말을 걸었는데 문을 꽝 닫고 들어가 버립니다. 여러분 머리에는 어떤 생각이 떠오르시나요?

상황 1을 읽었을 때와 상황 2를 읽었을 때 여러분의 생각과 감정이 달라졌나요? 대부분은 상황 1에서 '아이에게 무슨 사정이 있나 보다.'라는 생각을 했고 기분은 '괜찮다.'라고 대답할 것 같아요. 상황 2에서는 '버릇없이 인사도 안 하고 지나가다니', '나를 무시하는 거야.'라는 생각이 들었고 기분은 '화가 난다.', '속상하다.'라고 대답할 것 같습니다.

상황은 똑같은데 한 상황은 기분이 안 좋았던 상황, 다른 한 상황은 기분이 좋았던 상황입니다. 같은 일, 같은 상황이라도 내 기분에 따라 다르게 해석될 수가 있습니다. 그래서 우리는 평상시 자신의 기분을 관리하기 위해 노력할 필요가 있어요.

요즘 '소확행'이라는 말을 많이 들어보셨을 거예요. 소소하지만 확실한 행복 리스트를 갖고 있다면 평소 기분을 관리하는 데 도움이 됩니다. 나무가 있는 공원을 산책할 때 행복한 사람이라면 주말마다 꼭 공원에 가려고 하겠죠? 다음 표에 여러분이 행복해지는 상황 5가지를 적어보세요.

<소확행 리스트>

	내가 행복해지는 상황
1	
2	
3	
4	
5	

어떤 것은 '여행 가기'처럼 일상에서 실천하기가 쉽지 않은 것일 수도 있어요. 그렇다면 그 상황을 연상시킬 수 있는 물건을 책상 위에 놓아두는 것이 도움이 됩니다. 아니면 핸드폰에 사진으로 저장을 해놓고 생각날 때마다 또는 기분 전환이 필요할 때마다 볼 수도 있겠죠?

2.감사하기

오래전 방송에서 '만성 골수 백혈병'으로 시한부 선고를 두 번이나 받았던 50대 여성이 산에 오를 만큼 건강을 회복한 이야기를 들었습니다. 투병 중일 때 너무 힘들어서 삶을 포기하고 싶었던 엄마를 살린 건 딸이 진심을 담아 보낸 감사 편지였다고 합니다. 그 후로 엄마도 매일 감사일기를 쓰기 시작했고 몰라보게 건강이 회복되었고요.

이분은 자신의 고통이 줄어든 이유를, 항상 부정적인 생각을 하면서 살았던 자신이 감사일기를 쓰면서 긍정적인 마음을 갖게 된 것에서 찾았습니다. 감사일기를 쓰면서 자기주장이 너무 강해 늘 살얼음판을 걷는 듯한 모녀 관계가 회복되었고, 자신의 병과 삶에 관한 생각도 긍정적으로 바뀌었다고 합니다.

'감사하기' 훈련은 긍정심리학에서 발견한 여러 가지 긍정성 증진 훈련 방법 중 가장 효과적인 것으로 입증되었습니다. 여러분도 삶의 부정적인 부분에서 시선을 돌려 감사할 수 있는 것을 바라보면 어떨까요? 먼저 나 자신에게, 배우자에게, 아이에게 무엇을 감사할 수 있을지 써보세요. 그리고 감사한 것에 대한 목록을 적어보세요. 새로운 것이 생각날 때마다 여러분의 감사 목록에 추가해보고요. 감사한 것들을 기억하다 보면 여러분의 삶은 더 행복하고 충만해질 것입니다.

<감사 목록>

	감사한 것
나에게	
배우자에게	
아이에게	

3. 나만의 공간 만들기

기분 전환을 위해 가구 배치를 바꿔본 경험이 있나요? 이따금 책상 같이 옮기기 쉬운 가구의 위치를 바꾸거나 화분의 위치를 바꾸면 기분이 좋아지죠. 공간이 우리에게 주는 영향력은 생각보다 큰 것 같습니다.

케렌시아 Querencia는 스페인어로 '애정, 애착, 안식처' 등을 뜻하는 말로, 투우 경기에서 투우사와의 싸움 중에 소가 잠시 쉬면서 숨을 고르는 영역을 말합니다. 투우장의 소가 케렌시아에서 잠시 숨을 고르고 다음 싸움을 준비하는 것처럼, 부모인 우리에게도 방해받지 않고 지친 몸과 마음을 재충전할 수 있는 자기만의 공간이 필요하죠

여러분의 작은 책상을 놓을 만한 곳을 한 번 찾아보세요. 침실, 거실,

주방, 베란다 어느 공간이든 좋습니다. 그리고 그곳에서 자신과 만나는 시간을 가져보세요. 집이 아니어도 좋습니다. 좋아하는 카페의 자리, 흐르는 물을 바라볼 수 있는 강변, 나무가 있는 공원 등 심리적 위안을 줄 수 있는 곳이면 어디든 좋아요.

하루 중 여러분이 가장 많이 머무르게 되는 공간 또는 눈에 자꾸 거슬리는 공간이 있다면 한 번 적어보세요. 그곳을 어떻게 바꿔보고 싶은지도 적고 천천히 조금씩 바꿔보는 시도를 해보시길 추천합니다.

SEVEN

7

양육에 대한 전반적 이해

양육은 기나긴 과정입니다.
이 지난한 과정이 아이들을 양육하면서
부모도 자라가는 과정이기를 소망해봅니다.

양육에 대한 전반적 이해

자녀들을 키우면서 "이 자녀들이 어떤 사람으로 자라나기를 원하는가?"라는 질문을 던져보셨을 것입니다. 여러 대답이 나올 수 있겠지만 일단 '건강한 성인으로서 독립적으로 살아가는 것'이라는 대답으로 모이지 않을까 하는 생각이 듭니다. 자녀가 각자의 고유함을 따라 자신만의 길을 뚜벅뚜벅 걸어간다면 더욱 좋겠지요. 그러기 위해서 자녀는 내·외면의 힘을 함께 키워가야 하는데요. 내면의 힘을 키우는 양육의 목표는 건강한 자존감과 자기 통제력의 발달이라는 두 가지 개념으로 설명할 수 있을 것 같습니다. 자녀가 자신을 사랑하고 신뢰하며 자신에게 주어지는 일들을 자신감 있게 처리할 수 있다면, 또 친구 관계, 학습, 스마트폰 같은 삶의 영역에서 어느 정도 잘 행동하리라고 믿을 수 있다면(행동하고 있다면) 잘 자라고 있는 것이겠죠.

01

자존감의 두 가지 기둥

자존감이란 '나는 사랑받고 존중받을 만한 소중한 존재이며 삶에서 마주치는 문제들에 대해 잘 대처할 수 있는 사람이라고 믿고, 하는 일들에 대해 성과를 낼 수 있는 사람'이라고 생각하는 것입니다. 자존감을 처음으로 대중에게 알린 학자 너새니얼 브랜든 Nathaniel Branden 에 따르면 자존감은 자기효능감 self-efficacy 과 자기가치감 self-respect 의 두 가지 기둥으로 구분해 설명할 수 있습니다.

첫 번째 기둥인 자기효능감이란 '나는 할 수 있어'라는 생각을 가지는 것입니다. 삶의 작은 성공 경험과 부모의 격려가 축적되어 자기효능감을 만듭니다. 도달하기 어려운 목표를 정해 놓고 기대에 도달하지 못할 때마다 '너는 이것 밖에 못 하냐'라는 언어적·비언어적 메시지를 준다면 자녀는 점차 더 힘이 빠지겠지요. 이런 경우 목표를 현재 상황보다 '조금씩만' 높게 잡아보는 것이 좋습니다.

자존감의 두 번째 기둥은 자기가치감입니다. 자신이 좋은 사람이고 다른 사람에게 존중받을 만하며, 그럴 자격이 충분하다는 확신입니다. 부모가 자녀를 존중하는 말과 행동을 보여줄 때 아이는 그 확신을 더욱 가지게 될 것입니다. 또한, 이전에 다른 환경에서 존중받지 못한 경험을 가진 아이들은 내가 존중받을 만한 사람인지를 수없이 시험할 수도 있습니다. 이 과정에서 부모는 자신을 잘 돌봐야 하는 과제와 자녀의 행동과 존재를 분리해서 봐야 하는 과제를 안게 됩니다.

자존감 높이기 1 – 감정은 수용하고 행동은 수정하기

양육의 큰 두 가지 원칙은 다음과 같습니다.

원칙 1 : 감정은 수용하되 행동은 수정한다
원칙 2 : 나와 남은 해치지 않는다

자녀가 화가 났다면, 화가 난 감정은 알아주되 의자를 발로 차는 것과 같은 행동은 수정해야 하겠지요. '감정은 영혼의 언어'라는 말이 있듯이, 나의 감정을 상대가 받아주고 이해할 때 우리는 감정뿐 아니라 내 존재가 수용되는 느낌을 받습니다. 자녀가 엄청 기분이 좋아서 학교에서 돌아왔다면 "엄청 좋았겠네! 오늘 신났겠구나!" 하면서 그 감정의 수위에 맞추어서 반응해주는 것이 좋겠지요. 반대로 화가 나서 들어왔다면 "많이 힘들었구나, 친구를 때리고 싶을 만큼 화가 났었구나" 하고 그 감정의 물이 빠질 시간을 주는 것이 좋습니다. 감정의 물이 차오를 때는 이성이 잘 작동하지 않으니까요.

감정의 물을 빼는 마개는 '공감'입니다. 아이의 감정을 읽어주며 공감하는 것이 어렵다면 "그랬구나"를 반복해주면 됩니다. '그랬구나, 그래서 그랬구나…' 하다 보면 자녀가 스스로 감정을 정리하는 경우가 많습니다. 어떤 자녀는 자기감정을 좀 삭이며 조절할 시간이 필요합니다. 그런 경우 혼자 시간을 좀 가지게 한 다음, 공감하며 이야기를 풀어가는 것도 한 방법이지요. 화가 나서 친구를 때리고 들어왔다면 일단 상황을 들어보고 친구를 때릴 만큼 화가 났던 감정은 수용한 후, 때린 행동에 대해서는 사과를 하러 함께 가거나 혹은 한 번 더 이런 행동이 있을 때 어떻게 할 것인지 논의하는 것이 필요합니다.

자존감 높이기 2 – 안전한 울타리를 제공하기

바움린드 Diana Baumrind 는 통제와 애정의 두 축으로 네 가지 유형의 양육 방식을 설명합니다.

〈네 가지 양육 방식〉

통제와 애정의 균형을 갖춘 권위적 양육, 통제는 낮고 애정이 높은 허용적 양육, 통제는 높고 애정이 낮은 권위주의적 양육, 통제와 애정 모두 낮은 방임적 양육, 이렇게 네 가지로 나뉩니다. 좋은 권위자는 단호함과 관대함을 함께 가지고 있지만, 권위주의자는 지시와 억압, 통제로 권위를 행사합니다. 권위주의적 부모 밑에서 자란 자녀들은 좋은 권위를 경험하지 못했기 때문에 성인이 되어서도 권위라는 말을 들으면 일단 저항하고 싶은 마음이 들겠지요. 이렇게 어렸을 때 어떤 양육을 경험했느냐가 현재 양육 태도에 영향을 미칩니다. 내가 어떤 양육을 받아왔는지, 그리고 그것이 현재 나의 양육에 어떤 영향을 미치는지, 함께 하는 부모는 어떤 양육 방식을 가졌는지 점검할 필요가 있습니다. 자녀들과 친밀하면서도 아이들의 반응에 내 존재가 흔들리지 않는다면 그것을 양육의 내공이라 부를 수 있을 것 같습니다.

자존감 높이기 3 – 성취, 과정, 존재를 칭찬하기

'부모가 나의 성취뿐 아니라 나의 성장을, 그리고 근본적으로 나의 존재를 존중하는구나!'라는 확신이 있을 때 자녀는 안정감을 얻게 됩니다. 그래서 칭찬은 성취보다 존재에 관한 것일 때 가장 강력합니다. 칭찬은 세 가지로 나누어볼 수 있는데요. 첫 번째 칭찬은 성취에 관한 칭찬입니다. 성적이 올랐을 때, 운동경기에서 이겼을 때, 상을 받아왔을 때 우리는 "어이구, 잘했네!" 하면서 칭찬하지요. 두 번째 칭찬은 과정에 대한 칭찬입니다. 자녀가 원하는 만큼의 성취를 이루지 못했더라도 그 과정에 충실했다면 충분히 칭찬해주어야 합니다. "원하는 목표에 도달하지 못했더라도 괜찮아. 우리는 네가 열심히 노력한 것만으로도 너무 훌륭하다고 생각한단다."라고 말이지요. 세 번째 칭찬은 존재에 대한 칭찬입니다. "네가 세상에 있어서 참 좋다.", "네가 있어서 참 기쁘다."와 같은 말을 종종 속삭여주는 것입니다.

양육은 기나긴 과정입니다. 나의 해결되지 않은 문제들이 양육과정을 통해 드러나는 일이 많지요. 유난히 어떤 자녀가 힘들거나, 어떤 일에 과하게 분노할 때는 다른 부모들과 이야기를 나누어보는 것이 객관적인 관점을 가지는 것에 도움이 됩니다. 이 지난한 과정이 아이들을 양육하면서 부모도 자라가는 과정이기를 소망해봅니다.

02

부모를 위한 셀프 코칭

코칭이란 개인과 조직이 잠재력을 극대화하여 최상의 가치를 실현할 수 있도록 돕는 수평적 파트너십입니다(한국코치협회 정의). 양육의 현장에서 고민이 생길 때 전문 코치를 찾아가는 것도 좋고, 셀프로 코칭을 해보는 것도 좋은 방법일 수 있어요. 혼자 질문에 답해보시거나 주위 분들에게 질문해달라고 해도 좋습니다.

- 요즘 내가 고민하는 주제는?
- 그 일이 잘 진행되려면 어떻게 하면 될까요?

- 그 일이 잘 되어가는 모습은 구체적으로 어떤 모습일까요?
- 그 모습이 이루어졌을 때의 느낌은 구체적으로 어떨까요?
- 이루어가는 과정에서 어떤 어려움을 만나게 될까요?
- 그 어려움을 극복하는 방법은 어떤 것들이 있을까요?
- 나를 통해 그 일이 이루어져야 하는 이유는 무엇일까요?
- 나는 왜 이 일을 하나요?

참고문헌

정은진. 『우리 아이 기초공사』. 비비투. 2020.

정은진 외 3인, 『아동양육시설 실무자를 위한 양육가이드북 - 초등학생의 꾸물거림에 대하여』. 리얼러닝. 2021

최은정. 『육아고민? 기질육아가 답이다』. 소울하우스. 2020.

한건수. 『크리스천코칭 워크북』. G.LAB. 2021.

Barvara kaiser, Judy Sklar Rasminsky. 『유아동 문제행동 예방 및 지도』. 시그마프레스. 2013.

Insoo Kim Berg, Scott D. miller. 『해결중심적 단기가족치료』. 가족치료연구모임(역). 하나의학사. 2001.

Jane Nelson 외 4인. 『학급긍정훈육법 문제해결편』. 에듀니티. 2016.

Lorraine Stutzman Amstutz, Judy H, Mullet. 『 학교현장을 위한 회복적 학생생활교육』. 대장간. 2017.

Michael H Popkin. 『부모코칭 프로그램 적극적인 부모역할』. 학지사. 2007.

Nathaniel Branden. 『자존감의 여섯 기둥』. 교양인. 2015.

Rudolf Dreikurs, Vicki Soltz. 『민주적인 부모가 된다는 것』. ㈜우듬지. 2012.

부모를 위한 양육 가이드북

초등학생의 **꾸물거림**에 대하여

초판 1쇄 발행 2022년 5월 16일
지은이 | 최은정, 김경미, 서유지, 정은진
발행 | 정강욱, 이연임
편집 | 백예인
일러스트레이션 | Sanny Kim
디자인 | Sanny Kim
출판 | 리얼러닝
주소 | 경기도 파주시 탄현면 고추잠자리길 60
전화 | 02 - 337 - 0324
이메일 | withreallearning@gmail.com

출판등록 | 제 406 - 2020 - 000085호
ISBN | 979-11-971508-6-9